5歳から始める最高の中学受験

「かしこい塾の使い方」
主任相談員
小川大介
Daisuke Ogawa

青春出版社

はじめに　中学受験を親子で成長できる最高の体験に！

本書のタイトルにある「5歳から始める」という言葉を見て、ドキッとされた方がいるかもしれません。

「そんな年齢から中学受験のことを考えなきゃいけないの？　さすがに早すぎるんじゃない？」と感じた方もいらっしゃることでしょう。

ご安心ください。

この本は、中学受験に取り組む時間が、お子さんと親御さんのいずれにとっても価値ある時間となることを願って書かれた本です。読み進めるうちに「そういうことか」と納得し、安心していただけるものと思います。

お子さんが未就学であれば、これからの子育ての手がかりとして本書をご活用ください。お子さんが小学校低学年であれば、本書と照らし合わせながらこれまでのお子さんの成長を振り返り、塾での受験学習が本格化する前の準備に活かしてください。

また、「5歳からってことは……ウチはもう小4だから手遅れなの？」と感じさせてしまった方へ。大丈夫です。お子さんがいま何年生であっても、本書の内容は必ず役に立てていただけます。

本書に散りばめられた「学習のコツ」「タイプ別の伸ばし方」がきっと役に立ちます。特に第3章から第5章にかけての内容をよく理解していただければ、お子さんに合った成績アップのヒントが見つかるでしょう。

本書を通して私が読者の皆さんにお伝えしたいのは、子どもに「ゆるやかに無理をさせる」という知恵です。

- 中学受験で燃え尽きてしまわない
- 塾の勉強でつまずかせない
- 勉強嫌いにさせない

この三つを実現するための知恵でもあります。

せっかく中学受験に取り組むなら、がんばったぶんだけ成績が上がって、子どもの自信が育つような受験をしてほしい。私が受験相談に乗るとき、そのお子さんと親御さんに対していつも願っていることです。

私自身、一人息子の父親として中学受験に向き合ってきました。本人の努力もあって、幸いにも西大和学園中、灘中、開成中、筑波大付属駒場中と受験した4校すべてから合格をいただき、息子はいま第一志望だった灘中に楽しく通っています。

受験結果だけを見ると、かなり気合いの入った受験家庭だったのではないかとイメージされることが多いですが、実際にはそうでもありません。息子と出会った方はみなさん、そのホンワカしたキャラクターに脱力させられるようです。

中学生となった今も、バスの運賃を払うとき、運転手さんに「小学生は半額でいいんだよ」とわざわざ言われるくらいの幼さ。「受験戦士」でないことは確実です。

そんな息子の中学受験で、わが家が一番大切にしてきたことは、受験の合格ではありませんでした。受験勉強を通して本人が成長していけること、自分で決めた道を歩いていける自信を育てること。これが夫婦で話し合って決めた、わが家の方針です。

キレイごとに聞こえるかもしれませんが、「この子にとって意味のある時間をすごせていれば、受験の結果はそれなりについてくるだろう」という気持ちでした。

ただ、みなさんもご存じかもしれませんが、中学受験で求められる学習量は並大抵のものではありません。ホンワカとした気分で、なんとなく塾に通ったのでは学年が上がるにつれて間違いなく苦しくなり、追い込まれていくのは確実です。

ですから、わが家の方針を実現させるには、世の中一般の中学受験方法とはひと味違った工夫を施す必要がありました。

それが、これから本書で明らかにしていく「ゆるやかに無理をさせる」という基本方針に表れています。

私が6000以上のご家庭の個別学習面談を重ねることで得た膨大なケーススタディと、個別指導塾SS-1を創設して子どものタイプ別指導法を開発してきた経験と、中学受験情報局「かしこい塾の使い方」主任相談員として塾の効果的な活用法を研究してきた成果と、さらにはコーチングや心理学、子どもの発達心理や脳科学の知識を駆使して考え出した子育て術であり、受験学力の育て方です。

それに加えて、私の「テキトー」な人生観も、ほどよいエッセンスとして加わっているように思います。

私が中学受験の指導に関わるようになってもう28年になりますが、そもそもは教育者を志していたわけではありません。京都大学法学部に入学した目的は弁護士になること。その私が生活費を稼ぐために始めたのが、塾講師のアルバイトでした。

学生の本業は勉強であり、塾講師はあくまで生活の手段です。

そのはず、だったのですが……しかし私は、子どもたちの成績を伸ばすことの面白さにすっかり目覚めてしまい、あれよあれよという間に「本業が塾講師」という状態になってしまいました。

大学の授業にもろくに出席せず、学友が法律を学んでいるころ、自分は受験国語の指導方法を研究し、講師仲間と入試分析のディスカッションに花を咲かせる毎日。

当然司法試験の合格などはるか彼方に遠ざかり、大学を卒業したのは入学から8年が経ってからというスーパー劣等生に成り下がっていました。


同期の友人たちが社会で陽の当たる道を歩いているころ、私は就職もせずにフリーター状態の塾講師です。当時26歳の私は、世間的には見事にドロップアウトしていました。

それでも周囲の人に恵まれ、関西で創設した個別指導塾を東京へ展開させることができ、各種メディアに取り上げてもらえるようになり、出版の機会をいただけるようにもなって今に至ります。


「道は一つじゃない」

「人それぞれに力の発揮の仕方があっていい」

「世間の『常識』や『べき論』に縛られる必要なんてない」


妻や息子にいつも「テキトー」と言われる私の人生観は、こうした経験を通して育ってきたのだと思います。

そんな「テキトー」な私は、どんな子に出会っても、「この子は必ず伸びる」と信じることができます。勉強が上手くいっていないとすれば、それはやり方がこの子に合っていないだけ。周りの大人がこの子のことをしっかりと見つめて、この子に合ったやり方を探してあげさえすれば、必ず伸びていく。そう確信できるのです。

あなたのお子さんも、もちろん大丈夫です。

この本を読み終えたとき、「あなたのお子さんも必ず伸びますよ！」という私の想いを受け取っていただけたなら、なによりもうれしく思います。

さあ、これからゆるやかに、お子さんの中学受験を始めていきましょう！

２０１９年９月吉日

小川大介

第1章 中学受験ではどんな力が必要か

第2章 どんなことでも学びにつなげる親のかかわり

第3章 高学年でグンと伸びる［タイプ別］学力法

第5章 頭のいい子が育つ環境づくり

制作協力▼石渡真由美
カバーイラスト▼髙柳浩太郎
本文DTP▼伊延あづさ・佐藤純（アスラン編集スタジオ）

第1章

中学受験では
どんな力が必要か

中学受験のスタートは4年生ではない

「中学受験がはじまると本当に大変！」

「小学生の子どもに夜遅くまで勉強させるなんてかわいそう……」

中学受験に対してマイナスのイメージを持っている方は少なくありません。

一般的に、中学受験の勉強は大手進学塾の４年生コースがスタートする小学3年生の2月からはじまります。そこから入試本番まで、３年間をかけて受験のための準備をしていきます。小学校生活の半分を受験勉強のために費やすと考えると、やはり大変です。

中学受験が大変な理由は、**取り組む内容が小学校の授業で習う内容を大きく超えており、かつ膨大な量を要求されること**です。さらに大変なのが、**それに挑戦するのが成長途上の小学生の子どもであること。**しかし、そんなことはおかまいなしに、大手進学塾の受験カリキュラムはどんどん進んでいきます。

「中学受験をするなら、４年生から塾通いがはじまる」

「難関校に入れるなら、ＳＡＰＩＸ（サピックス）がいいらしい」

中学受験の話題は、3年生の夏をすぎたころからママ友たちの間で始まります。首都圏の一部の地域では今や4人に1人が、学区によっては実に8割以上の子が中学受験をするといわれている時代。

「まわりの友だちが受験をするならウチも」とライトに考えるご家庭、「みんなが受験をしたら、残された公立組はどうなるの？」という不安から受験を選択するご家庭など、スタートはいろいろです。

ただ多くのご家庭に共通するのが、この先々にかかるお金の計算はしていても、これから自分が「受験生の親になる」という心の準備はあまりできていないことです。とりあえず塾に入れればなんとかなると思っている方は意外に多いのです。

しかし、4年生になって塾通いがはじまると、生活が有無を言わさず一変します。

「早く宿題をやりなさい！」

「明日のテスト勉強はしたの？」

「ちゃんと授業を聞いているの？」

それまで学校・遊び・習いごとが中心だった生活から、塾の勉強を中心とした生活に変わり、そのペースにイマイチ乗れない子どもとそれに焦るお母さん。そして、お母さんのイライラに居心地が悪いお父さん。最近は、お父さんの方が教育熱心で頭に血がのぼり、お母さんの方がヒヤヒヤしているご家庭も。家庭の雰囲気もギスギスしてきます。

そして、やっぱり思うのです。中学受験って大変！

中学受験をするなら塾通いは必須です。中学受験の勉強は小学校では習わない特殊な内容を扱うため、家庭だけで進めていくことはほぼできません。また、中学受験に必要な学習範囲を4年生からの3年間でカバーするという点は、長年中学受験の指導に携わってきた立場の私から見ても今のところ妥当なカリキュラムだと感じています。

中学受験にチャレンジしようとするのなら、4年生から塾に通うというのが一番ムリのない選択です。

しかし、現実には子どもにとって塾の勉強についていくのは大変！

ですから、**4年生になっていきなりあわてるのではなく、早い段階から準備をしておく**

ことをおすすめしたいのです。

4年生からいきなり中学受験をはじめると、それまでの勉強との大きなギャップに苦しむことになります。塾のカリキュラムは小学校に比べて猛スピードで進んでいき、学年が上がるごとにハードになっていきます。そのため、塾のカリキュラムが一度はじまってしまうと、学習を立て直すことは大人が想像する以上に難しいものです。

やはり、中学受験の勉強をはじめたときの〝ギャップ〟はなるべく小さくしておきたい。そのためには、早めの準備が大切になってくるのです。

まずは夫婦で〝子育てビジョン〟のすり合わせを

こんな話をすると、「だったら何をさせればいいの?」「いつからはじめればいいの?」と前のめりな気持ちにさせてしまったかもしれません。でも、ちょっと待ってください。子どもに「させること」の前に、もっと大事なことがあります。それは、夫婦で子育てのビジョンを話し合うことです。

今、この本を読んでくださっている多くの方は、「5歳」というキーワードから、未就学児のお子さんをお持ちの教育に熱心な方が多いことでしょう。そして、いずれは中学受験をさせたい、またはすることになるだろうという漠然としたビジョンをお持ちですね。

さて、そのビジョンはご家族でどのくらい一致しているでしょうか？

というのも、夫婦だからといって価値観が同じだとは限らないからです。私がこれまで指導や面談に携わったご家庭を振り返っても、**お子さんの中学受験に関してご夫婦間で温度差のあるケースは非常に多い**のです。中には、受験学年の6年生の段階で、面談中に「だからオレは中学受験に反対だったんだ！」と言い出すお父さんもいます。

お子さんの相談で来たのに夫婦ゲンカが勃発！　このような状況で、お子さんが落ち着いて勉強ができるはずもありません。

長年こうしたケースに接してきた結果、中学受験をする・しないにかかわらず、お子さんが小さいときに夫婦で、わが家の〝子育てビジョン〟を確認することが本当に大切だと考えています。理想はお子さんを授かったときですが、そのころは「まずは無事に生まれてほしい」という思いでいっぱいでしょうし、2歳になるまでは「とにかく健康に育ってほしい」と必死だと思いますので（わが家もそうでした）、夫婦でじっくり向き合って話し合うことは難しいはずです。

でも、2歳をすぎると少しずつ子育てにも慣れ、目の前のわが子を見て「こんなふうに育ってほしいな」と思いを描くようになります。2歳といえば、そろそろどこの幼稚園に入れようかなと考える時期ですし、共働きですでに保育園に入れているご家庭なら生活リズムが整い、心に少し余裕が生まれてくるころだと思います（もちろん今もお忙しいでしょうが、生まれたばかりのころに比べれば少しは）。そのタイミングでぜひ一度、夫婦で子育てビジョンを話し合ってみましょう。

わが家が一人息子の子育てビジョンを話し合ったのも、ちょうどこのころでした。

私「ウチの子育てで一番大事にしたいことって何だろう？」

妻「う〜ん……。この子なりに幸せに生きてくれたらいいかな〜。私はたいしたことができるわけではないしなぁ〜。私たちの子だからスポーツでグングン伸びていくって感じはしないんだよなぁ」

私「たしかに！　この子には申し訳ないけど、ボクもそう思う（笑）。でも、勉強だったら伸ばしてあげられるかな〜」

妻「そうね、勉強は大ちゃん（妻にそう呼ばれている）に任せるね。私は、この子の健康と食事をしっかり見るから！」

私「そこ、ホントよろしくね。ところで、小学校受験はさせたいと思う？」

妻「小学校受験はちょっとないかなぁ～」

私「中学受験はどう？」

妻「中学受験はさせたいかなぁ～。あの子がのびのびとすごせる学校があれば、そこに入れてあげたい」

私「ボクも中学受験はさせたいと思う。自分自身、私立中高一貫校に通ってよかったなと思うし、中学受験だったら力になってあげられるしね。本人が望めば、海外留学もさせてあげたいなぁ……」

こんな感じで、なんとなくお互いの思いを伝え合いました。わが家の場合、かなり早い段階で中学受験をするという選択をしましたが、それはおそらく、私が中学受験の専門家であり、わが家では中学受験が身近にあったからだと思います。

お子さんが2歳の時点では、そこまでは考えられないというご家庭が普通だと思います。どちらかがなんとなく中学受験をさせたいと思っていて、どちらかはさせたくないということもあるでしょう。

でも、それでいいのです。**まずはお互いの考えを出し合い、確認するだけで十分です。**

「それはいいね！」「それはまだわからないなぁ」「それは考えてないな」「ちょっと気になるんだよね」などと思っていることを口に出すだけで、夫婦でも同じように考えていることもあれば、違う考えもあるのだなということに気づきます。そこで気づけることがポイントです。

早いうちに確認し合うことで、子育てのビジョンのすり合わせがしやすくなります。

中学受験が始まるとこんな生活になる

将来的に中学受験をするとしたら、この先にどんな生活が待っているのでしょうか。

27ページの表は、サピックスなどの大手進学塾に通った場合の1週間の標準スケジュール（4年生、6年生）です。だいたいこんな生活になるんだとイメージしてみてください。

大手進学塾では、3年生の2月から4年生コースがスタートします。小学校の新学期より2カ月早くスタートするのは、塾での学習に早めに慣れさせるという目的があります。

大手進学塾では3年生の10月から1月にかけて入塾テストを実施します。入塾テストの目的は、「入塾そのものの可否判断」と「クラス分け」。入塾テストは国語と算数の2教科で行われます。入塾テストがどんな内容でどんな力を求められているかは、私も監修に加わった『中学受験 入塾テストで上位クラスに入るスタートダッシュ国語』と『中学受験 入塾テストで上位クラスに入るスタートダッシュ算数』（共に西村則康著・青春出版社）に詳しいので、ぜひ参考にしてみてください。

一般的に、大手進学塾は1クラス15人から30人の集団クラスで授業が進められます。クラスの数は校舎によってさまざまですが、共通しているのは**テストの成績順でクラスが分けられている**ことです。

塾の授業は、各塾のオリジナルテキストを使って進められます。サピックスの4年生の時間割は、平日の通塾が週2日×3コマ。1回60分の授業で休憩はわずか5分で、ほぼ3時間一気に勉強をします。4年生のうちは基礎的な内容ですが、それでも小学校の授業と比べればはるかに難度は高いです。塾では年間のカリキュラムが固定されていて、1回の授業で1単元を終わらせる必要があるため、授業は非常にスピーディーに進んでいきます。

授業の後には必ず宿題が出され、週ごとに知識の定着を図る「基礎力定着テスト」があ

6年生になるとこんなに忙しくなる

小4

	月	火	水	木	金	土	日
午前 12時 ～15時	計算・漢字 学校	計算・漢字 学校	計算・漢字 学校	計算・漢字 学校	計算・漢字 学校	テスト直し 苦手単元の復習	公開テスト（月1回）
15時 ～17時	学校の宿題	学校の宿題 塾確認テスト用の復習 軽食	学校の宿題	学校の宿題 塾確認テスト用の復習 軽食	学校の宿題	習いごとなど	
17時 ～20時	習いごとなど 食事・入浴 翌日の塾の準備（宿題直し）	塾	前日の塾の宿題 翌日の塾の準備（宿題直し）	塾	前日の塾の宿題 食事・入浴 今週の復習		
20時 ～21時30分		食事・入浴 塾の復習		食事・入浴 塾の復習			

小6

	月	火	水	木	金	土	日
午前	計算・漢字 学校	計算・漢字 学校	計算・漢字 学校	計算・漢字 学校	計算・漢字 学校	宿題直し・復習 塾テスト対策 志望校過去問	塾 難関校SS特訓（9月から）
12時 ～15時						塾 志望校別特訓講座	
15時 ～17時	学校の宿題 塾確認テスト用の復習 軽食	学校の宿題	学校の宿題 塾確認テスト用の復習 軽食	学校の宿題 塾確認テスト用の復習 軽食	学校の宿題		
17時 ～19時	塾特訓講座の宿題 食事・入浴	塾	塾特訓講座の宿題 食事・入浴	塾	塾特訓講座の宿題 食事・入浴		
19時 ～21時	翌日の塾の準備（宿題直し）		翌日の塾の準備（宿題直し）		翌日の塾の準備（宿題直し）	食事・入浴	食事・入浴
21時 ～22時		食事・入浴 塾の復習・宿題	志望校過去問	食事・入浴 塾の復習・宿題		塾の復習 塾の宿題	塾の復習 塾の宿題
～23時							

ります。そして月に1回、「マンスリーテスト」というクラス分けの判断材料となる大テストが実施されます。夏休みなどの長期休暇になると、春期講習、夏期講習、冬期講習といった特別な講習期間があります。

5年生になると平日の通塾は週3日×90分授業が2コマになり、学習量が大幅に増えます。その量は4年生の1・5倍。なぜそんなに増えるのかというと、**中学受験に必要な学習範囲を5年生のうちにほぼ全部終わらせる**からです。

また、5年生の授業は4年生からの基礎の積み重ねに加えて応用学習も加わり、判断力や思考力が求められるようになります。すると、それまで暗記だけで乗り切ってきた子は勉強を難しく感じるようになります。学習量が増えるうえに内容も難しくなる——。多くのご家庭が「中学受験は大変！」と感じるのもこの時期からです。

6年生になると生活はさらにハードになります。平日授業が週2日×80分授業3コマになり、それ加えて土曜日には75分授業×4コマの「土曜志望校特訓」、9月から日曜日は「難関校SS特訓」といった特別講習が始まります。同時に模試の数も増え、9月から12月には志望校の合格可能性を測る模試が毎月実施されます。

6年生になると、5年生までに習った内容やその発展問題をひたすら演習します。志望

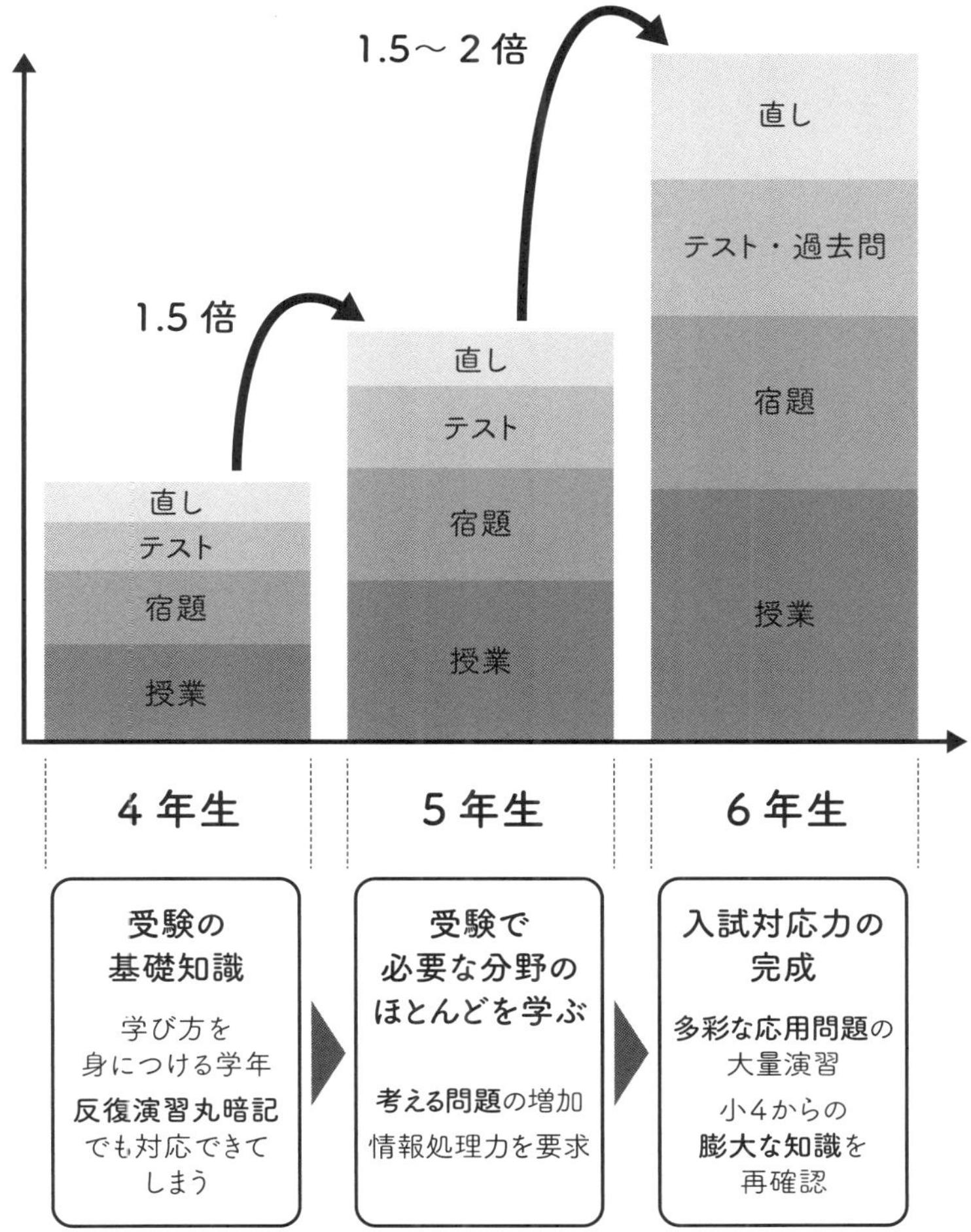
1.5倍
1.5〜2倍
直し
テスト
宿題
授業
直し
テスト
宿題
授業
直し
テスト・過去問
宿題
授業
4年生
5年生
6年生
受験の
基礎知識
学び方を
身につける学年
反復演習丸暗記
でも対応できてしまう
受験で
必要な分野の
ほとんどを学ぶ
考える問題の増加
情報処理力を要求
入試対応力の
完成
多彩な応用問題の
大量演習
小4からの
膨大な知識を
再確認

校が定まると、各校の過去問にも取り組むようになります。学習量は5年生の1・5倍～2倍に跳ね上がり、受験勉強一色の生活になります。

このように、中学受験の勉強は学年が上がるごとにハードになります。そのための対策は後の章で詳しく説明しますが、まずはここでは「中学受験を選択するとこんな生活になる」ということを頭に入れておいてください。

入塾時に塾が求める〝当たり前〟とは？

ここまで読んで、みなさんはどのように感じましたか？

「やっぱり中学受験は大変！」「大変そうには感じるけれど、今の時点ではまだピンとこない」など、いろいろだと思います。特に未就学のお子さんを持つ親御さんには、まだイメージがしづらいかもしれませんね。

小学校の授業は1コマ45分。それに対して、塾の授業はたとえばサピックスなら、1コマ60分×3教科（4年生コース）。その間の休憩時間はわずか5分で、1回の通塾でほぼ3時間通しで授業を受けることになります。しかも平日、学校が終わったあとの17時から20

時までです。「夕飯は家庭で」という考えのため、他の塾のようにお弁当（塾弁）を持たせる必要はありませんが、それでも20時まで何も食べないというわけにはいかないので、下校後に軽く食べさせるご家庭が多いようです。共働きの場合は子どもの帰宅に間に合わないので、あらかじめ用意しておきます。

こうしたことを事前に知っておくと、今後のライフプランが立てやすくなるでしょう。

大手進学塾では、受験カリキュラムがスタートする3年生の2月から、いきなり2時間、3時間の授業がはじまります。多くの小学生にとって、こんなに長時間勉強をするのははじめての体験です。

しかし、塾の先生はそんなことはおかまいなしにどんどん授業を進めていきます。小学校ではクラスの全員が理解できるまでていねいに教えてくれますが、塾ではその日に習う単元はその授業内に終わらせるのが鉄則。**一人でも多くの子に理解させようと工夫はしてくれますが、「待つ」という発想はありません。**そのため、授業内にできなかった問題は家で取り組むことになります。

塾では先生が黒板にたくさんの板書をして、子どもたちが書き写す前に説明をはじめることもよくあります。こうした授業に慣れていない子は、黒板の字を写すことに気をとられて、その授業のポイントとなる説明を聞き逃してしまいます。

授業で大事なことを聞き逃してしまうと、家に帰ってからの宿題が大変です。宿題は授業の定着度を高めるために出されますから、そもそも理解できていない子が取り組むには負担が大きすぎるのです。

また、塾では授業中に解いたすべての問題について説明をしてくれるわけではありません。配られた解答を見て、あとは自分で答え合わせをしておくようにいわれます。

「採点して間違えていたら解き直す。そんなことはわかっているよね？」とばかりに、あとは子どもたち（または家庭）に任せるのです。

困ったことに、塾はこうしたことを入塾する前に説明してくれません。**塾は勉強を教えるところで、勉強の進め方までは教えてくれないのです。**

「中学受験塾に入れるなら、3時間の授業が聞けるのは当たり前だよね？」

「授業では先生が板書をするから、机の上に鉛筆が置いてあるのは当たり前だよね？」

「問題を解いて間違えていたら、解き直すのは当たり前だよね？」

「授業が終わったら、復習をするのは当たり前だよね？」

「出された宿題はやってくるのが当たり前だよね?」

このように、**塾にとっての〝当たり前〟の基準はとても高い**のです。ところが、多くの親御さんは(もちろんお子さんも)そんなこととは知りません。

「塾に入れれば勉強ができるようにしてもらえる」と思い込んでいます。でも、塾は勉強に取り組むための「基本の姿勢」など教えてはくれないのです。

ならば、その〝当たり前〟をどこで身につけるのかといえば、それは入塾前のご家庭ですね。その身につけ方については、あとの章で詳しく見ることにしましょう。

こんなに違う! 小学校の授業と中学受験の学習内容

中学受験をするなら、その勉強に特化した指導をする大手進学塾に通うのが一般的です。「小学生の受験勉強なんて親が教えられる」と思っている親御さんもいますが、中学入試では小学校よりはるかに難しい内容を求められます。また、特殊な解法を身につける必要があるため、家庭だけで進めていくのは現実的ではありません。

では、小学校の授業内容と中学受験で求められる内容はどのくらい違うのでしょうか？左に一部をまとめたので参考にしてみてください。

「こんなに違うの⁉」と驚かれたことでしょう。私が長年指導してきた国語に関して補足しておくと、中学入試で出題される素材文は長文であるだけでなく、その中身が小学生の知らない世界にまで及びます。たとえば、小学校の授業で扱う物語文は自分と同じ小学生の子どもが主人公のお話が多く、主人公の気持ちに共感しやすくなっています。

それに対して、中学受験の難関校ではキャリアウーマンのお母さんと専業主夫のお父さんの家庭の話を取り上げ、子どもの大好物の卵焼きが上手につくれないお母さんの葛藤を聞くなんて出題がなされます。自分の家とはまったく違う家族形態で、しかも子どもではなくお母さんの気持ち――。普通の小学生であれば、「これはいったい何の話？」と思ってしまうような内容の文章を平気で出してくるのが中学入試なのです。

それに対応できる学力を身につけるために、小学4年から6年生の3年間をかけて受験準備をするのです。

小学校の授業と中学受験で求められる内容はこんなに違う

		小学校の授業	中学受験
国語	文章の長さ	ひとつの文章を何日もかけて少しずつ読んでいく。一度の授業で扱う文章量は1000字～2000字程度	3000字～6000字の文章を1回の授業で扱う。入試では50分で4000字～8000字を読んで理解することが求められる
国語	文章の内容	小学生が無理なく読める内容がほとんど。辞書を引く必要のある言葉もそれほど多くは出てこない	小5で中学1年生の教科書レベル、小6で中学2年～高校1年生の教科書レベルの文章が出てくる。哲学的なものや経済に関するものなどジャンルも幅広い。小学生の日常生活では触れない言葉が多数出てくるため、言葉調べが欠かせない
算数	分数	小5で足し算と引き算を習う。かけ算とわり算は小6で習う。分数が3つも4つも出てくる複雑な計算は、小学校ではやらない	小4で足し算、引き算、かけ算、わり算のすべてを習う。入試では分数や小数がいくつも入り混じった複雑な計算も出題される
算数	立体の体積	小6で角柱と円柱の体積を習う。基本的な形のものしか扱わない	小5で角柱、円柱と円錐の体積も習う。小6でかわった形の平面図形を回転させてできる立体の体積を求めるなど、高度な空間把握力が必要になる
社会	歴史	歴史は小6になってから習う。人名、事件などは各時代の代表的なもののみ	歴史は小5の秋から習う。小学校の何倍もの知識量が必要になるとともに、事件の背景や時代の流れなど、因果関係にもとづく思考が要求される
理科	てこ	小6で「もののつりあい」として、ごく簡単なものだけ	小5で習う。比を利用して解く問題など難易度が高い。小6になるとばねと組み合わせる複雑な計算問題も出てくる
理科	ものの溶け方	溶けるということの意味、溶ける様子について習う	水の温度によって溶ける量が変化することを計算したり、条件を組み合わせて溶け残りがどれだけ出るかを計算させたりする

中学受験成功の秘訣は ゆるやかにムリをさせること

このように見ると、つくづく中学受験とは〝不自然〟なものであることを実感します。入塾前に塾が期待する〝当たり前〟の基準は高く、中学受験で必要な勉強は小学校で習う内容よりはるかに難しく、さらに膨大な量が求められます。子どもの自然な成長を見たとき、ものごとをまとまった考え（概念）として理解できるのは9歳ごろからといわれていますが、それも子どもによって成長差があります。

小学校では4年生になってから徐々に抽象的な概念の学習がはじまりますが、中学受験塾ではそれを4年生のはじめから全開でスタートさせてしまうのです。ですから、**子どもの成長を考えたとき、中学受験はとても不自然なものだといえる**のです。

それを知らずに、「中学受験は4年生から塾へ行けばいいのね」と何の準備もせずにはじめてしまうと、いきなり戸惑うことになります。親が受験に対して熱くなりすぎて、やらせすぎで子どもをつぶしてしまう……。中学受験にはそういうマイナスイメージがあると思います。でも、中学受験が子どもをつぶすのではなく、過熱している親が悪いのでもないと私は思っています。子どもを支える大人たちが正しい準備の仕方と進め方を知らないために、中学受験がもともとかかえている不自然さが浮き彫りになり、子どもに過剰な負担になることが問題なのです。

私は、**正しいやり方で進めていけば、中学受験は親子にとってとてもいい経験ができるもの**だと思っています。実際、わが子の中学受験を経験して、わが子のすごさ（成績という意味ではなく、子どもが持つさまざまな力）を感じられましたし、親としても鍛えられ、成長することができました。夫婦でそう話しています。数多くのご家庭に、「中学受験はいい時間だった」と感じていただきたいと願っています。

これからの時代は中学受験も多様化していくため、今の大手進学塾の受験カリキュラムが絶対ではありません。しかし、少なくとも現状のカリキュラムに乗って中学受験を進めていくのであれば、そのスタートをどう迎えるかがポイントになります。4年生になっていきなり壁を突き抜けようとするのか、子どもがまだ小さいうちから、本人が大変と感じる前にゆるやかにムリをさせていくか。私はだんぜん後者をおすすめします。そのほうが親も子もハッピーになれるからです。

わが家も、この〝ゆるやかにムリをさせる〟というやり方で、中学受験を進めていきました。「ムリをさせる」というと、子どもがかわいそうと思う方もいるかもしれませんが、本人は遊びと勉強の区別なく、楽しく取り組んでいたので、「ムリをさせられた」とは思っていないでしょう。

中学受験の勉強が本格化してくると、さすがに「大変」と感じている様子も見られましたが、それでもそれなりに余裕を感じさせながら、ひょうひょうと乗り越えていけたのは、小さいころから少しずつ準備を進めてきたおかげです。

本書では、この〝ゆるやかにムリをさせる〟というやり方で、親子ともに大変になりすぎず、中学受験を乗り越えていく提案をしていきます。

早く準備をするほど失敗ができる

中学受験を上手に進めるコツは、小さいころから〝ゆるやかにムリをさせること〟。

そういうと、「では、幼児期はどんな勉強をさせればいいのでしょう?」と聞いてくる親御さんが必ずいます。でも、私は**いわゆる早期教育をすすめているわけではありません。**

先にもお伝えしましたが、わが子の将来を思って中学受験をさせたいと考えているのであれば、まずは「わが家の子育てビジョン」を話し合うことが大切です。親が望んでいることが、必ずしも子どもの心を動かすとは限らないからです。

わが家でも、よかれと思ってやらせてみたもののうまくいかなかったことが多々あります。たとえば読み聞かせ。読み聞かせのメリットは第2章で詳しく説明しますが、私は教育現場での経験もふまえ、子どもの学習の土台をつくるには読み聞かせがとても有効だと感じていました。

そこで妻に、息子が小さいときから読み聞かせをしてあげてほしいと伝えていました。ところが、どうも読み聞かせをしている様子があまり見られないのです。はじめはそんな妻にイライラすることもありましたが、どうやら息子自身も読み聞かせにそれほど楽しそうな反応を見せていなかったことがわかりました。妻はまじめなタイプなのできちっと読んであげたかったのですが、子どもが乗ってこないので、気持ちが続かなかったようです。

それならと、少しやり方を変えて私がやってみることにしました。親が子どもに読み聞かせるばかりではなく、少し読んだら「はい、交代!」「読み聞かせをお願いします!」と、こちらが読んでもらう側に回ったのです。すると息子も乗ってきて、ときにはわざと読み間違えたりしながら読んでくれるようになりました。

また、幼いころはいろいろなジャンルの本に触れさせたいと思い、図書館に連れて行ってはこちらからいろいろな本を渡していましたが、息子は興味のある本は何度も読みたがるものの、そうでないものにはあまり関心を示しませんでした。

それならもう好きなジャンルの本をたくさん読むほうがいいと、子どもに読みたい本を選ばせるようにしたのです。すると、息子は自分が大好きな鉄道の本をたくさん読みあさるようになりました。そうやって、わが子は〝テッちゃん〟度が増していったわけですが、同時に本を読むことを苦にしなくなりました。けっして本好きになったわけではありませんが、新聞や本、幼稚園や小学校からのお手紙を通して、文字を読んで情報を手に入れることが得意になったのです。

「書いてあることを読めば、知識が手に入る」

このことを早い段階で知るというのは、中学受験に限らず、物事を学ぶうえでとても大きな意味を持ちます。

このようにして子どもが小さいころから親が働きかけると、「この子はこういうふうに本を渡してあげると喜ぶんだね」「こういうやり方はあまり好きじゃないみたい」と早い段階で気づいてあげることができます。

早く準備をするメリットは、思ったようにいかなかったときにあわてずに修正ができることです。また、早くからはじめているので、この修正が何度もできます。はじめての子育ての場合、何がよくて何がよくないかなどわかりませんよね。二人目以降の子育てでさえ、お子さんによって反応はいろいろです。だからこそ、早い段階から子どもの反応を観察し、ゆとりを持ってその子にとってのベストを見つけてあげましょう。

幼児に遊びと勉強の区別はない

わが子を頭のいい子に育てたい。これは親の本音だと思います。だからといって、幼いときからドリルをたくさんやらせても、頭のいい子に育つかどうかは疑問です。

誤解しないでいただきたいのですが、ドリルが悪いといっているわけではありません。そこに「楽しい」という気持ちがあるかどうかを大事にしたいのです。**楽しさこそが、学ぶ意欲の土台**だからです。

私の息子は2019年2月、中学受験に挑み、第一志望だった灘中に進学しました。灘中は、中学受験で最も難度の高い算数入試を行う学校です。そこには、算数が得意な男の子が集まります。

息子が数に興味を持ったのは3歳のころでした。そのころ、息子は数を数えることが大好きで、一緒にお風呂に入るとひたすら数を数えていました。「1（いち）、2（にい）、3（さん）、4（よん）……」とひたすら一緒に数を数えるのです。途中で間違えて「ブー」というと、「もう1回やる！」と悔しがって何度もやりたがります。そのうちに数をどんどん覚え、気がつくと1000までいえるようになっていました。1000まで数えると10分くらいかかるので、二人でよくのぼせそうになっていました（笑）。

それから息子は、ありとあらゆる場所で数を数えるようになりました。家から駅までの歩数、公園までの歩数。そして、「今日は9700歩だったよ！」と、毎日の歩数を私に報告する。こんな遊びがかれこれ2年くらい続きました（さすがに途中から毎日ではなくなりましたが）。

少しずつ計算も教えてあげました。ドリルも楽しめそうだったので一緒に書店に行き、いろいろなドリルを見せ、息子が気に入ったものを買ってあげました。

息子がドリルに取り組むようになったのは4歳ごろとたしかに早い時期でしたが、それは算数に強くするためというより、本人が好きな「数」の延長上にある「計算」をやってみただけ。本人にとって、ドリルをすることは遊びと同じだったのです。

はじめは1問解いて、「はい、正解～！」とクイズのようなやりとりをしました。正解に大きな花丸をつけてあげるとうれしそうな顔をして、「次！」とせがんできます。

幼児期の学習のポイントは、とにかく「楽しく」です。幼い子どもは、興味があちこちへと向かうので、楽しいことしか続きません。そこで、幼児期の学習は、3分以内に1回達成できるものをおすすめします。「これをやってごらん」と渡して、できたらほめる。そのときに、親御さんが「正解！」「ブー！　おしい！」といった感じでクイズのようにしてあげると、子どもはがぜんはりきります。幼児期は、フィードバッグが早いほど遊び感覚で取り組むことができます。

ところが、そこでいきなり「10問やりなさい」と渡してしまうと、続かなくなります。幼児期の学習の渡し方は、あくまでも「楽しく」。そのくり返しを積み重ねて、少しずつ量を増やしていくことがポイントです。

間違った早期教育に要注意！

「将来の中学受験を視野に入れているのであれば、子どもがまだ小さいうちから準備をしておいたほうがいい」

このように聞くと、早期教育を始めたくなる親御さんもいるでしょう。しかし、子どもの脳は、０歳〜３歳、３歳〜７歳、７歳〜10歳と三つの段階をふんで成長していきます。

子どもの脳の成長とその変化について述べたもので、私がよく参考にしているのが、脳心理学者の林成之先生による『子どもの才能は３歳、７歳、10歳で決まる！』（幻冬舎新書）という本です。それによると、**子どもの脳は９歳〜10歳のころに大きく変容し、抽象的な内容が理解できるようになるといいます。**それは、長年中学受験の指導をしてきた私も強く感じていることです。

中学受験の問題はまさに抽象問題のオンパレード。言葉で書かれたものを図式化して答えたり、聞いたこともない外国の事情や１００年前の物語などをイメージしたりしなければなりません。それには、脳がそのような動きをとれる段階まで成長し、変容していなければ本来は対応できないのです。

ところが、一部の早期学習塾では、年齢が上がってから（適切な脳の成長段階になってから）学習すべき問題を低年齢の子に反復してやらせ、「こんな年齢でも解けるんですよ！」とアピールします。でも、それは3歳〜5歳の子どもが見たことを見たまま記憶しているだけで、理解しているわけではないのです。ですから、仮に5歳の子が難関校の中学入試問題を解けた（ように見える）としても、同じ子が10歳になって同じ問題を解けるかは別問題です。

一方で、脳のつくりがほぼ完成している小学校高学年以降の先取り学習は有効です。現に、私立中高一貫校はそのような学習カリキュラムで進めていきます。

また、小学1年生の子どもが3年生で学習する内容に取り組むことにもそれほど問題はありません。その時期は、まだ抽象能力を問われる問題に取り組まないためです。単純に計算をしたり、言葉を覚えたりするだけであれば、学年を超えて進めていってもいいでしょう。もちろん、本人が楽しんでいるということが絶対条件です。

子どもの脳の成長を見きわめたうえで、ムリなくハードルを上げていきます。くれぐれも、形だけの〝早期教育〟には注意してください。「速読」についてもよく質問されるのですが、ただ速く読めるようになればいい、というのであればおすすめしません。

そもそも、文章を読むというのは、言葉一つひとつの裏にある意味を読み味わうもの。中学受験で求められる国語の読解は、その素材となる文章が5000〜8000字ととても多いため、限られた時間内で読み進めるにはある程度の速さが必要です。しかし本来、読解とは意味を考えながら読み進めていくものです。

「これはどういうことだろうか？」「なぜこうなるのか？」と考えながら、頭の中の思考が高速回転しながら速く読み進めていけるのであればいいのですが、「1分間に2000字読める」と**ただ文字を追うだけでは、頭の中に問いが発生しません。**

また、幼少期に速読をすると、意味を考えながら読むことが後回しになって、おおざっぱに何が書いてあったかを思い出すクセがつきやすくなります。困ったことに、小学校低学年までの国語のドリルは、「何が書いてありましたか？」「誰が出てきましたか？」といった問題が多いため、速読をやってきた子にはできてしまうのです。

ところが、学年が上がって素材文の内容が複雑になってくると、読むのは速くても、実は内容の理解ができていないために、とんちんかんな答えを書いてしまう子が増えます。

ですから、速読をやっておけば国語が得意になるというような誤解はしないでください。もし速読教室を使うのであれば、子どもが読んだ文章をどう理解したか、問いかけてくれる人の存在が必要です。

低学年の塾コースは習いごと感覚で

近年、小学校低学年から大手進学塾に通う子どもが増えています。

「低学年から塾に入れておかないと、定員がいっぱいになって4年生からの受験コースに入るのが厳しくなる」との理由からです。首都圏の中学受験が盛んなエリアでは、受験コースがはじまる4年生クラスに入塾希望者が殺到するため、低学年のうちから席を確保しておきたいと考えるのです。また、早い段階から塾の授業に慣れさせておきたいという気持ちもあるそうです。

塾側も、早いうちから生徒を確保しようとがんばっていますね。しかし、大手進学塾でも小学1年生から受験勉強をさせたりはしません。子どもの自然な成長を考えたとき、幼少期の行きすぎた受験教育が弊害になることはさすがにわかっているからです。

そこで、国語なら言葉のレベルを上げる授業を、算数なら計算や簡単な図形、パズルなどの思考系の学習を行います。授業の中身は頭を使う習いごとのようなものですが、子どもが楽しく通っているのであれば悪くはないと思います。

しかし、お金を払って塾に入れている親からすれば、成績を伸ばしてくれる場所として期待をしたくなります。期待に応えようと、塾側も低学年のうちから成績順位を出します。

低学年から塾通いをすることの一番の弊害がここにあります。子どもがまだ小さいときからテストで順位をつけられ、親が早くから「クラスが上がった、下がった」と一喜一憂してしまったり、偏差値を気にするようになってしまったりするのです。

この年齢の子どもはまだ精神的にも幼く、**わずかな成熟度の差が学力に表れやすい時期。**まだ伸びしろのある子を一時の成績で「ウチの子はあまり勉強ができないのかも……」などと決めつけることになっては大問題です。

低学年から塾通いをさせる理由は、共働きで預け先に困っているなどさまざまだと思います。もし低学年から塾通いをさせるのであれば、低学年のうちは学習系の習いごとに通わせているくらいの気持ちで、子どもが楽しみながら自発的に勉強する習慣づけの場所として使うのがいいでしょう。親のとらえ方次第で、低学年からの塾通いが吉と出るか凶と出るかに分かれることを頭に入れておいてください。

習いごとはすぐにやめてもかまわない

わが子にはいろいろな経験をさせてあげたい。わが子の可能性をできるだけ伸ばしてあげたい——。特に子どもが小さいときは、親はあれこれ夢を描きます。そこで、幼少期にたくさんの習いごとをさせようとするご家庭は少なくありません。

それ自体はいいのですが、習いごとのやらせすぎには注意が必要です。というのは、**子どもには何もしない時間、ぼーっとする時間が必要**だからです。

勉強でもいえることですが、子どもは何かを学んだあとに、今やったことを振り返る時間が必要です。大人から見ると、ただぼーっとしているように映るその時間に、「今日、習ったダンスはおもしろかったなぁ〜。もっとかっこよく見せるにはどうしたらいいのかなぁ〜」「今日教わった英語の歌。お父さんにも教えてあげよう。えーっと、はじめは何だっけ?」といった感じで、学んだことを振り返り、反復してイメージトレーニングをします。そうすることで、学んだことを消化、吸収していくのです。

ところが1週間のスケジュールが習いごとでいっぱいだと、インプットばかりで振り返る時間がありません。すると、せっかく学んだことが自分のものとして十分身につかないのです。いろいろ学んでいるはずなのに、ただこなしているだけの毎日で、忙しさからくる疲労感だけが募るなんて悲しいことすらあります。

もう一つ、子どもの習いごとに関して心に留めておいてほしいのは、**やらせたらやらせたぶんだけ才能が開花するという幻想を持たないこと**です。習いごとには相性がありま す。また、子どもにはそれぞれ成長の仕方があります。親がよかれと思いやらせた習いごとでも、子どもが好きになるかどうかはわかりません。同じ時期に始めた子ども同士で上達の様子が違ってくるのも当たり前のことです。

わが家でも、子どもが小さいときにいくつかの習いごとをさせました。私は子どもの健康な身体づくりに何か武道をやらせたいと思い、空手を習わせてみることにしました。息子が3歳のときです。

ところが、わずか3年しか続かなかったのです。最初に型を習っていたころは本人も楽しく通っていたのですが、いよいよ組み手がはじまると、息子は身体が小さいのとおっとりした性格もあって、「叩かれても痛いし、叩いても痛いしイヤだ!」と言い出しました。私としてはここでがんばってほしいという思いがありましたが、いつもそばで見ていた妻は「本当にイヤそうよ」といいます。私は理屈で続けさせたいと思ったけれど、実際に本人がやりたいかどうかを肌感覚で教えてくれるのは妻でした。そこで夫婦で話し合い、このまま続けてもそれが息子にとっていい経験になるとは思えないと判断し、小学1年生のときにやめました。

また、夫婦で子どもには音楽をさせたいという気持ちがありましたが、キーボードを買って与えても息子の反応はイマイチ。妻が一緒に遊ぼうとしても相変わらずの反応だったので、じゃあ今は音楽の習いごとはいいかな、と見送りました。

でも、それでいいと思うのです。

「親がやらせたくても、子どもの心が動かないものを押しつけてもしょうがないよね」というのが、夫婦であれこれ話し合って得られたスタンスです。もし「子どものため」という気持ちが強すぎると、やめグセをつけるのはよくないと意地になっていたかもしれません。でも、「何が好きかは本人がちゃんとわかっているよね」と子どもを信じていれば、「やってみたけど、合わなかったね」と笑って終わらせることができます。

最終的にわが子が夢中になったのは算数でした。幼いころから数遊びを楽しみ、その延長で早い段階から計算が得意になり、○《マル》がたくさんつくのがゲーム感覚となって、算数はどんどん好きになりました。

小学校1年生の冬になると、刺激を与えてあげたくて、関西を中心に展開している中学受験塾である浜学園（駿台浜学園）の算数特訓クラスに通わせることにしました。東京在住であえて関西系の塾を選んだのは、飛び級の制度があるからです。

1年生の2月から小3クラスに入って、月2回だけですが、息子は年上のお兄さん・お姉さんと競い合う時間をとても楽しみにしていました。その後も「算数が得意」という強みを持ち、楽しみながらやるということを基本スタイルとして、中学受験へとつなげていきました。

小さいときから子どもの「好き」を大事にして、それを伸ばしてあげられたことはとても大きな収穫だったと思います。

第2章

どんなことでも学びにつなげる親のかかわり

気持ちの余裕が〝学ぶ姿勢〟を育てる

中学受験をムリなく成功させる秘訣は、親が何でも引っ張っていくのではなく、子ども自らが自然に学ぶ姿勢になっていること。どんなことでも学べる意識と環境をどう整えてあげられるのか、親御さんのかかわりがポイントになります。

とっかかりになるのは、幼少期のころからのいろいろな体験です。ただ体験をさせるだけではなく、親御さんも一緒になって、「わぁ！　これはおもしろいね！」「あれ？　何でだろう？　不思議だね」「なるほど、そういうことか！　よく考えているね」と一緒になっておもしろがってあげると、がぜん子どもの心の動きが変わってきます。

ちょっとしたことの積み重ねが、いろいろなことに好奇心を持ったり、なぜだろう？と疑問を持つ習慣をつけたり、何という名前なんだろう？　と知識欲を育てたり、発見の喜びを味わったりといった学ぶことの楽しさを生んでくれるのです。

幼いときに、「知らないことを知るのは楽しい」「答えがわかると気持ちがいい」という体験をたくさんしておくと、勉強に対する抵抗感がなくなります。

もちろん、親御さん自身の気持ちに余裕がなければ、こうした関わりを続けるのはなかなか難しいですよね。1日のスケジュールをギチギチに詰め込んでしまうと、あれもやらなきゃ！　これもやらなきゃ！　とこなすことでいっぱいいっぱいになり、子どもと一緒に感動したり疑問に思ったりする余裕はないでしょう。特に最近の親御さんは共働き家庭が多く、毎日の生活を回していくだけでも大変です。

ただ、中学受験を考えているのなら、いずれはさらに忙しくなります。そのときまでに子どもの学ぶ姿勢が整っていないと、「宿題はやったの？」「いつになったら勉強をはじめるの？」と親がムリやり引っ張る状況に陥ります。それはあまりに大きな負担です。

ですから、まだ比較的余裕のある幼いときに親の一日のすごし方を少し工夫して、子どもも自らが自然に学ぶ姿勢をなんとか育ててあげたいのです。

今の時代はとても便利で、スマートフォンで乗り換え検索をすれば、目的地までの最短ルートをすぐ知ることができます。たとえば目的地まで30分かかるとわかったら、大人ならそれに合わせて行動します。そのほうが効率がいいですからね。

ところが、親御さんたちも実感していると思いますが、子どもの興味はあちこちにあるため、一緒に行動すると予定通りにはなかなかいきません。実はその「予定通りにいかない」時間がとても大事なのです。子どもが途中で何かを感じたり、発見したりすることがものごとへの興味であり、学習意欲と同じものです。

ですから、**子どもと行動するときは、あえて時間にムダをつくってください。**検索したら30分で行けるとしても1時間前に出発する。30分のムダをとっておくのです。

そうやって余裕を持っておくと、予定通りにいかなくても親御さんがイライラしなくてすむし、何より時間に余裕があるので、子どもの寄り道にも笑顔でつきあえます。この寄り道にこそ、たくさんの学びが隠されています。

第1章でもお伝えしましたが、子どもにとって何もしない時間はとても大事です。何もしない時間とは、何の予定も組み込まれていない「子どもの自由な時間」です。親から見ればぼーっとしているような状態でも、その時間に何かおもしろいことを見つけていたり、自分が体験したことを振り返って「自分のもの」にしたりしています。こうした子どもの時間をぜひ大事にしてあげてください。

ここで私がお伝えしたいのは、「時間の主導権を子どもに渡そう」ということです。わが子を大切に思うあまり、幼いときからあれもこれもと予定を詰め込んでしまうご家庭をよく見ますが、**子どもの能力を伸ばすのは、かけたお金や与えたものではなく、親御さん**

のかかわりです。中学受験に限らず、「知りたい」「学びたい」という気持ちを育てるのは、何よりも親御さんの気持ちの余裕にあることをぜひ知っておいてください。

頭のいい子は幼児期にたっぷり遊んでいる

私は長年、中学受験専門の個別指導教室の代表として、さまざまなご家庭の教育相談を受けてきました。勉強のやり方がわからない、大手進学塾の授業のスピードについていけない、苦手科目が克服できないなど内容はいろいろですが、特に多いのが「高学年になってから成績が伸びなくなった」というご相談です。

そういうご家庭に「お子さんが小さいころ、どんなすごし方をされていましたか?」とたずねると、多くが「習いごとをたくさんさせてきた」「低学年から塾に通わせていた」と、とても教育熱心なのです。そしてお子さん自身もがんばり屋。

こういう子はみんな低学年まではいい成績をとり続けますが、4、5年生あたりから「あれ? なんかおかしいなぁ～」とばかりに、一生懸命勉強をしているのに成績が伸びにくくなる子が出てきます。本人は努力しているのに、伸び悩んだまま入試を迎かえる子も少なくありません。

一方、その対極で学年が上がるにつれてグングン伸びる子がいます。4年生のときは、「授業のスピードが速すぎてついていけない」「こんなにたくさんの宿題はできない」とムラッ気を見せていたのに、一度ペースをつかむと、まるで別人？　と思うほどメキメキと力をつけてくる。そして、あれよあれよと成績が上がり、入塾時には考えられなかった難関校に合格してしまうこともあります。

この違いはいったい何だろう？　と考えてみたとき、私はこれまでたくさんのご家庭を見てきた経験から、一つのことに気づきました。それは、**小さいときにどれくらい熱中体験をしているか、が大切**だということです。

4年生の段階では勉強のペースがつかめなかったAくん。お母さんに話を聞くと、小学校低学年までは勉強は学校の宿題だけで、あとは毎日外遊びをしていたといいます。家に帰ってくると、あるときは「めずらしい虫を見つけた〜！」と手につかみ、あるときはキレイな形をした石をポケットに入れ、うれしそうに見せてくれたそうです。そして「この虫、なんていう名前なんだろうね？」「この石は何でこんなにツヤツヤしているのかな」と、お母さんと一緒に図鑑を広げ、調べていたそうです。

子どもにとって楽しくて夢中になれることに対しては、学びのセンサーが全開になります。Ａくんにとっては「遊び」でも、目の前にあるいろいろなことに興味を持ち、それを知りたいと行動に移し、自分の知識として蓄えてきた――。このことが、のちの勉強へとつながっていったのです。

たとえば理科の生物を勉強したとき、「あっ！ あのとき見つけた虫にはこういう特徴があるからこのグループなんだな」と理解が深まる。こうしたつながりがおもしろいから、理解したことが使える形で頭に残る。塾に通い出した当初はテキスト主体の勉強に慣れませんでしたが、勝手がわかってくるにつれ大きく伸びてきたのは、この「生きた理解」があったからです。

そして、もう一つよかった点は、親御さんが夢中になるわが子の姿を温かく見守っていたことです。子どもはお母さんとお父さんが大好き。親の愛情を感じながら、**自分が好きなことをして遊ぶというのは、子どもにとって何よりの安心感と幸福感をもたらします。**

こうしたプラスの感情をベースに持ちながら幼少期にたっぷり遊んで学んだ子は、必ず後伸びします。幼少期に「満足がいくまで遊んだ」「納得がいくまでやりとげた」といった経験があると、たとえ途中で壁にぶつかっても、「自分ならなんとか乗り越えられる」

という強い心が後押しします。そしてここぞというとき、ものすごい集中力を発揮するのです。

数え遊びで数感覚を身につける

中学受験は国語・算数・理科・社会の総合点で合否が決まりますが、算数の得点力が合格のカギを握るといわれています。教育熱心な親御さんが小さいときからドリルに手を伸ばす気持ちもよくわかります。早い段階から数の感覚を身につけられれば、算数の力にもつながります。でも**「数で遊ぶ」だけでも子どもの数感覚を身につけることはできます。**

小さい子どもにとっては、日常のすべてが遊び。小さい子どもに数を教えてあげるときは、まず一緒に声に出して数えるといいでしょう。1から10まで数えられるようになったら、実際に目の前にあるものを数えてみます。たとえばダイニングテーブルに何かものを並べて、「いくつあるか数えてみて」という具合です。そうやって、日常にあるものをたくさん数えさせていきます。

たくさんの数がいえるようになったら、歩数を数えることをおもしろがる子もいます。

息子も家から駅までの歩数、公園までの歩数をよく数えていました。単純に歩数だけ知りたければ、歩数計を与えればいいのですが、息子の場合は正確な歩数を知ることより、数えること自体が楽しかったようです。

数を使った遊びもいろいろありますから、子どもの楽しみ方に合わせて遊ぶといいですね。たとえば「一つ飛ばし遊び」。はじめに「1、3、5、7、9」と親御さんがいって続きをバトンタッチする遊びで、数え上げの応用版です。最初は「お母さん、何で数字を飛ばすの？」とキョトンとしますが、親御さんが「いち、(一呼吸)、さん、(一呼吸)、ご、(一呼吸)」と、数を一つ飛ばしているということがわかるように数えてあげると、「あっ！　そういうことか！」と、その遊びのルールに気づきます。「じゃあ、一緒にやってみようか！」と誘って、声を合わせます。

小さい子どもにはなかなか難しい遊びなので、ピンとこない様子なら「また今度やろうね」でかまいません。あくまで遊びですから。できるようなら、「一つ飛ばしができるなんて、すごい！」と思いきりほめてあげましょう。そうすると、「じゃあ、次は二つ飛ばしをしてみる？」と誘ったときに、「うん！」と挑戦する気持ちになります。

数に抵抗感がなくなり、計算も少しできるようになったら、日常で目にするあらゆる数を遊びに取り入れましょう。よくあるのが、車のナンバープレートにある4つの数字を足していく遊びです。足してできた数字の二ケタと一ケタの数をさらに足して、最後にいくつになるかを比べるゲーム。「238」なら足して13、1と3を足して4、という具合です。親御さんたちも子どものころに遊んだ経験があるのではないでしょうか？　今の時代はなくなりつつありますが、電車の切符に書かれた数字で同じ遊びをしたという親御さんもいるかもしれませんね。

小学生になると、算数が好きな子や得意な子はこうした遊びを進化させ、四則演算（＋−×÷）を用いて4つの数字を使い、答えが「10」になる式をつくる遊びをしています。遊びながら数を学ぶチャンスは、日常にあふれているのです。

しりとりと辞書は言葉の世界を広げる

スマホが普及する以前は、電車の移動や何かの順番待ちなどのときに家族でしりとりをする様子がよく見られたものです。

ところが今は、電車内を見れば親も子どももスマホに夢中。親子で一緒にゲームを楽しむならまだしも、一緒に出かけているのに親子で別の画面を見ている。こんな光景を見ていると、「子どもの語彙力は大丈夫かなぁ」と心配になります。なぜなら、**言葉の土台は家族の会話で育まれるもの**だからです。

子どもに言葉の世界を広げてあげたいなら、しりとりは最強の遊び。しりとりをするときは、相手の言葉を聞きながらも、次に何をいうか自分の頭の中で考えます。そのときに簡単な言葉をあげて、次に相手を困らせるか（「先にいわれてしまった！」といわせたい）、あるいは今ここで難しい言葉を披露して相手を驚かせようかとか（「こんな言葉を知っていてすごい！」といわせたい）など、あれこれ作戦を練ります。

一方で相手と同じ言葉をいわないように、相手の言葉をしっかり記憶しておく必要もあります。自分がいう言葉をリストアップしながら、相手がいった言葉も記憶しておく。実は、しりとりはとても頭が鍛えられる遊びなのです。そして、遊びながら「なるほど、その言葉を今度使ってみよう」と言葉をどんどん吸収していく。

〝時間つぶし〟がスマホに置きかえられてしまった昨今、スマホは言葉を調べる道具としても使われるようになりました。大人でも、今は辞書よりスマホで調べることのほうが多いのではないでしょうか。

スマホが便利なのはたしかで、私も毎日使っています。でも、スマホで言葉を調べる習慣がついてしまうと、一つの言葉を調べて終わり、となりがちです。一つの言葉から派生的に他の言葉へつながっていくという辞書の魅力はやはり捨てがたいですね。しりとり遊びにも共通する言葉の広がりです。

また、各出版社によっていろいろな特徴があることも辞書のおもしろさの一つです。私がおすすめするのは『明鏡国語辞典』（大修館書店）。この辞典には間違えやすい言葉を集めた「誤用例集」がついてくるのですが、それがとてもおもしろいのです。

たとえば「的を射る」という言葉がありますが、それを「的を得る」といってしまうことがあるんですね。教え子にも、そう覚えている子はたくさんいます。そこで私は「的って何かわかる？」と聞きます。「弓を射るときの目標のことでしょ？」とそれはわかっている。「で、その的を持っちゃうの？　得るって……？」とツッコミを入れると、その映像が頭に浮かぶのでしょう。「あれ？　それっておかしいよね？」と笑いながら「射る」だと覚えてくれます。

明鏡国語辞典の「誤用例集」には、こうした間違えやすい言葉がまとめて収録されています。これを親子で見ながら、「ああ、これってこういっちゃうよね～」「え～？　そうだったの？」「なるほど、そういう意味から来ているんだね～」と間違い言葉を楽しむ。これも一つの遊びですね。

子どもは言葉を耳から覚えます。だからときどきこうした言い間違えをしてしまうのですが、それをおもしろがって指摘してあげると、「えっ!? ほんとに？」「何でそうなの？」と言葉に興味を持つようになります。

すると、大人がしゃべっている声も自然と耳に入るようになり、「えっ？ 今なんていったの？」「それってどういう意味？」と新しい言葉に反応するようになります。

また、耳からのキャッチ力が上がってくると、たとえばテレビのニュースを見ていて「誤認逮捕」という聞き慣れない言葉を聞いたときに、「えっ？ 5人（ゴニン）？」と聞き返してくる。そこで、「ゴニンというのは間違えて捕まえてしまったという意味だよ」と教えてあげると、「そういう意味なんだね～。5人逮捕されたのかと思ったよ（笑）」と家族で笑いが起こり、言葉を知るのは楽しいなと実感します。

言葉感覚というのは、そうやって家庭の中で育っていくものなのです。

線遊びは図形感覚を養ってくれる

中学受験の算数入試では、図形問題が必ず出題されます。図形問題を解くときに欠かせないのが図形を描くことです。私はこれまで多くの子どもの指導に携わってきましたが、学力が高い子は総じて図を描くのがうまい。では、そういう子はどうして上手に描けるようになったのかといえば、それは幼いころにたくさん描いてきたからなのです。

どのご家庭にもある紙と鉛筆ですぐにできるのが「線遊び」です。お絵かきに興味がある子は1歳ごろから絵を描きはじめますが、私は自由なお絵かきとは別で「線で遊ぶ」体験をさせてあげることが大事だと思っています。なぜなら、**「線を線として描く」ことが、地頭をよくすることにつながる**からです。

はじめは親子で一緒に線を描く練習をします。お子さんの隣に座り、ゆっくり鉛筆で1本線を引きながら、「○○ちゃん、鉛筆でお母さんのあとについてきてね～」と声をかけます。そのときに親御さんがニコニコと楽しそうな表情を見せると、子どもは「何がはじまるんだろう?」とワクワクします。はじめは横に1本、次は縦に1本、そして斜めに1

本といろいろな方向に線を描いていきます。

この遊びのメリットは二つあります。一つは、文字や数字を書く基本が身につくこと。小さな子どもにとって、線を描くというのはとても難しい作業。特に横に1本線を描くのは高度で、意識して描かなければくにゃくにゃの線になってしまいます。線遊びになじんでいると、本格的に文字や数字を学びはじめてからの定着が早く、それをやってきた子とやってこなかった子との間で差が出ます。

もう一つは図形感覚が磨かれること。直線遊びに慣れてきたら、次は三角、四角、丸を描く練習をします。このときも、まず親御さんと一緒に〝楽しみながら〟がポイント。自分で描けるようになったら、好きなだけ描かせてあげましょう。

図をキレイに描くということは、描く前にどこへ線を引けばいいか、その長さや割合を紙の上に見当をつけるという高度な技が必要になります。また、一つの図形を観察して、それを描き写す作業自体も子どもの成長にとても役立ちます。

こうした遊びも楽しいから続くのであって、これをいわゆる〝勉強〟という形で強制させると、子どもの気分は乗りません。ここは親御さんの演技の見せどころ。うまく遊びとして乗せてあげながら、線に親しみ、図形感覚を磨いていきましょう。

読み聞かせがいいといわれる理由

子どもの学力を伸ばすのに、読み聞かせがいいと多くの専門家はいいます。こうした言葉を受けて、お子さんが小さいときから毎日読み聞かせをしているという親御さんもいるかもしれませんね。では、なぜ読み聞かせがいいかご存じですか？

なんとなくよさそうだという理由で、とりあえずやっているという方もいらっしゃるかもしれないので、ここで簡単に説明しておきます。

幼い子どもは文字が読めないし、言葉も知りません。でも、誰かが読み聞かせをしてあげることで、自分では読めないものを目で追い、耳で聞きながら理解できるようになります。また、そのときに読み手が気持ちを込めて読むことで、自然と話の場面やそのときの登場人物の様子や気持ちが頭の中に映像として浮かび、話を味わえるようになります。

読み聞かせの一番のポイントは、読み手が「聞かせてあげたい」と思って読むことです。そのとき、必ずしも上手に読まなければいけないわけではありません。読み聞かせの目的は文章を覚えさせることではなく話を楽しむこと。子どもの学力を伸ばすぞ!!　と肩

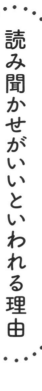

に力を入れたりせず、読む側も楽しむようにしましょう。

絵本にはいろいろな人やものが登場します。また、場所や時間、天気など場面の移り変わりがあります。そして、そこには登場人物の表情や感情、場面に流れる色や匂いなどのさまざまな感覚がちりばめられています。そうしたものを感じとる力を育てる手助けをしてくれる。それが読み聞かせがいいといわれる理由です。

読み聞かせは、親子で一緒に楽しめれば0〜1歳からはじめてみるといいでしょう。今は赤ちゃん絵本もたくさん出ています。息子のお気に入りは『まり』（文・谷川俊太郎、絵・広瀬弦、クレヨンハウス）という絵本でした。

よく、絵本には「0〜3歳対象」「3歳〜5歳対象」など、年齢推奨が表示されています。実はこの表示はかなり的確で、絵本は子どもの成長段階をよく理解した作家と出版社によって制作されています。ですから、この表示は参考にしたほうがいいと思います。

小さい子どもはまだ複雑な形を認識できません。アンパンマンが幼い子どもたちに人気なのは、アンパンマンなら丸顔、食パンマンなら四角い顔と、単純な形と色でキャラクターが表現されていて、子どもが安心して見られるからです。

子どもの成長に合わせて、少しずつ複雑な絵のもの、絵が少ないもの、文字だけのものと与える本を変えるといいでしょう。くれぐれも、対象年齢が上のものを子どもに渡せばかしこくなるとは考えないでください。何でも先取りさせたがる親御さんは多いですが、**子どもには子どもの成長段階がある**ということをよく理解してほしいと思います。

もう一つ、親御さんに意識していただきたいのが読むスピード。幼いときはお子さんがわかるようにゆっくり読んであげますが、聞く力がついてきたら徐々にスピードアップさせてかまいません。ときには大人に話すときと同じくらいの速さで読むのもいいでしょう。子どもは読み聞かせをしてもらったのと同じスピードで、自分でも読み進められるようになります。スピードに慣れさせることにも意味があるのです。

学習とは、真似て習得するという部分が大いにあります。国語の長文読解では、物語を味わうと同時に素早く読み進めていく力も求められます。こうした力も幼少期の読み聞かせの経験があるかないかで大きく違ってきます。

料理、掃除、買い物――お手伝いは遊びの宝庫

子育て中の親御さんは毎日大忙し。特に共働き家庭では、「早くごはんをつくって食べ

させなきゃ」「早くお風呂に入れて寝かせなきゃ」と、毎日が綱渡り状態でしょう。

でも、自分一人でがんばろうとせず、「お母さんは忙しいから、みんなも手伝って！」というスタンスに変えたら、毎日がずっとラクになるかもしれません。

子どもは日常の中で学んでいます。子どもにとって「起きている時間はすべて学びの時間」。ですから、日常のあらゆるシーンを遊びに変えて、**子どもが「勉強」という意識を持たないうちに学びの機会にしてあげてほしい**のです。その最も学べるチャンスの一つがお手伝いです。

料理、洗濯、掃除、買い物――お手伝いには学べることがたくさんあります。幼児期をすぎて小学校低学年になれば、できるようになることが増えてきます。

たとえば料理なら、切りやすい野菜や肉を切ってもらう。子どもは何か道具を使うことが好きです。特に普段あまり手にしないものを持たせてもらったときはうれしいもの。ナイフなどまさにそうですね。ハサミと違って、ナイフで固形物を切るとその断面図を知ることができます。

また、ハンバーグをこねるなどの作業は子どもにとっては遊びそのもの。「じゃあ、家族5人だから5つに分けてみよう！」と仕上げを一緒にやると、〝分ける〟という感覚を身につけることができます。

めんつゆを薄めるのも割合を学ぶのに最適です。「5対1に希釈してくれる?」と大人の言葉でそのまま伝えると、算数に必須の比率について学べるとともに、「きしゃくって何?」と言葉についても関心を示すようになります。そのときに「薄めるって意味だよ。希釈の『釈』は、『解釈』という言葉にも使われるよ」と伝えることもできます。

洗濯や掃除なら、洗剤やクリーナーなどの日用品にも注目してみましょう。たとえば、「このお風呂掃除クリーナー、どうやってお掃除するって書いてある?」とやり方を聞いてみるのです。「1㎡にワンプッシュって書いてあるよ!」と答えたら、「1㎡ってどのくらいだろうね? 一緒に測ってみようか」と計測を促し、単位の概念を教えてあげます。

また、「乾いたところにクリーナーをかけるのと少し濡れたところにかけるの、どっちがいいかな」と問いかけ、泡が立つほうが汚れが落ちやすいという化学的な現象を実感させる。すると、子どもは身の回りの単位や現象に興味を持つようになります。

中学受験の勉強がはじまったとき、「あっ、このアルカリ性と酸性の違いって、あのときの掃除のことだな」と、自分の体験と結びつけて、新しい知識を吸収していくことができます。**既存の知識に未知の知識が結びつくと、学習が加速します。**

買い物につきあってもらうのもおすすめです。買い物は合計金額や値引き額を教えてもらったり、予算を決めて何が買えるかを考えてもらったりと、計算力を高める絶好のチャンス。また、スーパーマーケットは商品の特徴によって生鮮食品コーナー、乾物コーナーといったカテゴリーに分かれています。実は、この**カテゴリーに分けて覚えるというのは学習上とても大切**です。たとえば理科の生物分野では、植物の種類によってグループが分かれます。グループに分けるという頭の使い方には抽象化能力が必要であり、まとめる力や共通点や相違点を見つける力が養われるのです。

このように、お手伝いは学びの宝庫です。子どもの学力を伸ばすのに最も有効なのは、「一粒で二度おいしい作戦」。「買い物をしながら計算力が上がる」といった「お手伝い＋学習」を利用しない手はありません。

忙しい毎日、合理化や効率化を考えると家事は自分一人でやりたくなると思います。ですから、毎日でなくてもいいので、ところどころでお子さんをお手伝いに参加させてあげてください。日常のひと工夫で、子どもの学力は将来大きく伸びていきます。

勉強ができる子は段取り上手

子どもにお手伝いをさせるもう一つのメリットは、段取り力を身につけられることです。日々実感されているように、家事というものは常に時間に追われます。「7時に夕飯を食べるには6時にごはんの支度をはじめなければ」「10時に寝かせるには9時30分までにはお風呂に入っていてほしい。あっ！　お風呂掃除がまだだった……」。こうやって、何をするにも段取りがついてまわります。

この段取り習慣を早いうちからつけられたら、子どもの生活もかなりうまく回っていきます。特に時間が限られている中学受験の勉強では、この段取り力が大きな力を発揮します。私のこれまでの指導経験から見ても、**勉強ができる子はたいてい段取り上手です。**

段取り上手な子は、たとえば月末にテストがあるとき、それまでに何をどのように進めればいいか逆算して考えられます。もちろん、小学生なのですべてを任せることは難しいですが、スケジュールを意識できることは中学受験における大きなアドバンテージです。

こうした段取り力は、中学受験の勉強がはじまる前から意識的に育ててあげましょう。

小学校に上がったころから少しずつ練習をしていくのです。

スケジュール能力を養うために、押さえておきたいポイントは三つあります。

一つ目は目標を持つこと。「心の準備」とも言い換えてもいいですね。「いつまでにどうしたい」という目標なくしてスケジュールを立てることはできません。

この目標はどんなものでもかまいません。たとえば低学年のお子さんなら、「7時になったらドラえもんを観る」というのも立派な目標です。

二つ目は、その目標をかなえるには何をすればいいのか、必要な行動を決めること。「ドラえもんを観るには、それまでに宿題を終わらせなきゃ。晩ご飯も食べ終わっていたいな」といったことがらですね。

学校から帰ってからの行動なら、夕飯とお風呂の時間は固定しておいたほうがいいでしょう。その他の時間に何をするかは、子ども自身に決めさせます。遊び、宿題、翌日準備など、項目を書き出していきます。

三つ目は、自分がそれを行うのにどのくらい時間がかかりそうか考えること。この要素が備わるにつれて、スケジュールを立てて実行に移すことができるようになります。

もちろん、そうそう予定通りに進むものではありません。そんなときは親御さんが声をかけ、途中で修正してあげましょう。たとえば宿題に時間がかかってしまっているときは、「今どこまでできたの？」「それをやるのにどのくらい時間がかかったの？」と聞いてあげます。「できている」「できていない」の判断はしません。「遅い」「それじゃ間に合わない」といった言葉は頭の外に追いやって、ただ聞きます。

「このドリルを1ページ終わらせるのに、20分くらいかかるみたいだね？」と確認をしてあげるのです。そして、「だとしたら、残りのページを終わらせるのにあとどのくらい時間がかかりそうかな？」と聞いてみます。見通しを立てる練習です。すぐできるようにはなりませんが、何度か声をかけているうちに、「この宿題は思ったより時間がかかる。だから、明日はもう少し早い時間からはじめよう」と気づくときがきます。

この**「見通しを立てる力」は非常に大事**です。作業にかかる時間を子どもに予測するようながし、「じゃあ、どの順番で進めていけばうまくいきそう？」と子どもに問いかけることで、子ども自身に決めさせる習慣をつけていく。気長に関わってあげて、段取り上手な子に育てていきましょう。

共働き家庭だからこその強みがある

ひと昔前まで、中学受験に取り組むのはお母さんが専業主婦のご家庭が大多数でした。しかし、最近では共働き家庭の方が多数派です。中学受験に挑むのは成長発達段階にいる小学生ですから、親にとっての負担は非常に大きなものです。

中学受験の勉強では、毎日の宿題やテスト対策などの家庭学習が不可欠ですが、それらをすべて子どもに任せることはできないし、かといってすべてを親が管理するというのも現実的ではありません。であれば、**できるだけ早いうちから子どもが自分で勉強に取り組める範囲を広げていく**ように、意識して関わることをおすすめします。

もしお子さんが毎日の学習スケジュールを立て、できるところまでやってみるという姿勢をすでに持っているなら、あとはそれが予定通りにできているか、できていないのなら何に困っているのかを確認して、一緒に解決策を考えてあげるだけで十分ですよね。

やるべきことがたくさんある中学受験の勉強。一方で、親である自分は仕事を持っていて、子どもの勉強をすべて見てあげることができない――。こうした現実の中で中学受験を進めるには、「入塾前に子どもが自分で勉強できる習慣をつけておくこと」が最善の策だと私は考えています。自分で勉強できる子に育てるためには二つのことが必要です。それが先にお伝えした「段取り力をつけること」と、第4章でお伝えする「勉強をするのは当たり前という習慣をつけること」です。

「幼い子どもに、自分でスケジュールを立てるなんてできるはずがない」

はじめはみんなそう思います。実際、はじめからうまくいくことはありませんし、できるようになるまで時間がかかる子もいます。でも、最初の手間をおしまずにやり続けると、徐々に段取り力を発揮してくれます。結果として、親である自分の負担が減る。

子どもに段取り力や見通し力をつけることは、親御さん自身の段取り力や見通し力を磨くことにもつながります。中学受験を通して親子で成長していく。よいではありませんか。

時間感覚をつけると自分で行動できる子になる

子どもにスケジュール管理をさせるには、幼いときから時間感覚を身につけておくことが大切です。大人は時間の流れを時計で確認しますが、子どもが時計の読み方をきちんと習うのは、小学2年生の「時間と時計」という授業が最初。でも、それを待っていては入塾前までにスケジュール力が育ちません。そこで、**時計の読み方については早い段階から家庭で教える**のがいいでしょう。ここでも、遊びを入れて楽しくやります。数字がはっきり書いてあり、秒針がピッピッと動く昔ながらのアナログ時計がベスト。まずは秒針の進みに合わせて、お子さんと一緒に「1、2、3……60」と声に出して数えます。

次に時針、分針、秒針の三つの動きに注目。「針がどんなふうに動くのか、よく見ててね」と声がけして、一緒にじーっと見つめます。よく見えている子なら、秒針が2、3周もしたら「あれ？　長いほうの針が少し動いたよ！」と分針が進んだことに気づきます。そうやって時計を眺めているうちに分針も少しずつ動いていることがわかると、子どもは短い針の動きも気になりだします。そして、時計の動きを学んでいくのです。

ここで注意してほしいのは、1分は60秒で1時間は60分だという時間の概念を理解させる必要はない、ということです。幼児、小学1年生には荷が重いですし、今求めているのは概念ではなく、時間「感覚」だからです。理屈より、親御さんが日常的に時間を意識させる声かけをしてあげる方が価値があります。

「○○ちゃん、3時になったらおやつにするからいってね」
「あらやだ！　もう5時だわ。お買い物に行かなくちゃ！」
「そろそろ寝る時間だから、遊んだおもちゃを5分で片づけるよ。よーい、ドン！」

こんな感じで、何か行動をする際は時間についても言及してあげると、子どもは時間を意識するようになります。時間というものはすぎていくというもので、その際に時計の針はこれくらい動くものなんだという感覚が身についてきたら、次はスケジュールを立てるという「自己管理感覚」を養うステージにステップアップします。

1分は60秒、1時間は60分。時計の時針が1周すると12時間で1日は24時間。しかし、時計だけでは1日、1週間、1カ月がサイクルで回っている感覚は身につきません。そこで、時計と一緒にぜひ活用したいのがカレンダーです。カレンダーは月単位の書き込み式のものがおすすめ。「保育園の運動会」「おばあちゃんの家に行く」など、子どもが楽しみにしているイベントを書き込みます。そして、「今日はここだよ」と今日の日付を指して、「運動会まであと3日だね」「あと何日したらおばあちゃんと会えるかな？」といった感じで、今日を中心に予定を見る習慣をつけさせます。

5、6歳になったら、「お出かけの日にシールを貼っておこうね」などといって、自分の予定は自分で印をつけさせるようにしましょう。自分の予定を知っておくことはとても大事です。そして、お出かけの前日に、「明日は何時に家を出る？」「じゃあ、何時に起きれば間に合うかな？」「ということは、今日は何時に寝たらいい？」と一緒に行動を確認します。子ども自身が予定を決める機会を生活のなかにちりばめていくのです。こうした習慣を小学校に上がる前に身につけると、子育てはとてもラクになります。

わが家の子育ての様子を見て、「未就学児がこんなことをできるなんてすごい！」「ウチなんて、やってあげなきゃ何もかも進まないのに」とパパ友たちからずいぶんいわれましたが、聞いてみると、そもそも子どもに予定を立てさせようとしていないんですね。**どんな子も、練習なしにいきなり自己管理ができるようになったりはしません。**

まずはお子さんの力を信じてやってみてください。お子さんの成長を望むのであれば、お子さんの力を信じることです。

子どもの自立を促す質問の仕方

自分のことは自分で決められる子になってほしい。多くの親はそう思っています。子育ての最終ゴールは「自立」だからです。しかし、今は少子化で一つの家庭における子どもの数が減り、子どもは親の愛情を独占できます。

また、親も数少ない子育ての機会で失敗したくないため、必要以上に手をかけてしまいがちです。さらに、わが子の力を伸ばしてあげたいと1週間にたくさんの習いごとを詰め込み、「今日はピアノ。明日は体操教室よ」とスケジュール管理をしてしまう。すると、子どもは親にいわれるがままに行動し、自分のことを自分で決められなくなります。

自立への第一歩は、子どもが今日の自分のすごし方を自分で決められるようになること。そのように導くためにおすすめなのが、**「朝ごはんのあと、何をする?」という質問。**これを幼いときから問いかけ続けていると、5分先のことを考えられるようになります。

「朝ごはんのあと、今日は公園に行きたい」

「朝ごはんのあと、今日はおうちにいたいな」

3歳くらいの幼い子どもでも、「このあと何がしたい?」とたずねてあげれば、ちゃんと自分の希望を口にします。つまり、自分の行動を自分で決めて人に伝えることができる。大人が子どもの力に気づいていないだけなのです。

この質問をくり返し投げてあげると、「○○のあとは△△をする」「□□より××をしたい」というように、自分の行動を自分で決められるようになります。さらに、先に説明した「時間感覚」が身についてくると、自分の1日の予定が考えられるようになります。

まずは今日一日という単位からはじまり、次に一週間、その次に一カ月というように、徐々に徐々にでかまいませんから、予定を考える幅を広げていきます。自分がどうすごすかを決める力を育てれば、中学受験の勉強が計画的に進められるだけでなく、「私はこういう学校に行きたい」「この学校でこんな経験をしてみたい」「将来、こんな職業につきたい」と未来の自分について考えることにもつながっていきます。

現在中1の息子は、小学校に上がるころには朝30分の学習を自分ではじめて、自分で終えられるようになっていました。幼児のころから、「朝ごはんのあと、何をする?」と問いかけてきただけで、何か特別な訓練をしてきたわけではありません。

小学3年生のときには、一週間のスケジュールを自分で決めるのが習慣になっていました。親の私がすることは、本人の予定を聞きながら、見やすいようにエクセルで予定表にしてあげることだけです。

たとえば、4年生のある日曜日のすごし方として、「6時から朝ごはん」「6時半から計算ドリル」「7時15分から言葉の学習」「8時は『ぼの〜んとタイム』」（アニメ『ぼのぼの』ファンの息子は、まったりとすごす時間をこう呼んでいました）「8時30分から社会の学習」「9時45分に実験教室に出発。12時45分ごろ家に帰ってくる」といった感じです。ずいぶん細かく決めているなと思った方もいると思いますが、子どもの予定は「いつ何をするか」が具体的に決まっているほうがうまくいくものです（時間設定が細かいのは単に数字好きの表れで、あまり重要ではありません）。

子どもの1日は子ども自身のもので、誰かに管理されるのはできるだけ避けたい。そのためには、今日やらなければいけない勉強を終えるには、各教科にどれくらいの時間が必要かといった、「見通しを立てる力」を育てたいのです。

また、子どもが勉強に集中できるのは気分が乗っているとき。親がスケジュールを決めてしまうと、「今はやりたくない……」となりがちですが、**どんな順番でいつやれるかを子ども自身が決めていれば、やらされ感なく進められます。**

「子どもが自分で予定を立てるなんて、イメージがわかない……」という方もいると思いますが、幼いころから小さな予定を決めさせることを順に練習をしていけば、どんな子でもできるようになります。ですから、まずは「この子はまだ幼いからムリ」「私がついていないとダメ」という自分の思い込みをちょっと外してみてください。意外にやれるものですよ。

幼児期の〝ひと手間〟が中学受験をラクにする

ここまで読んでいただいて、みなさんはどんな感想をお持ちですか？

「うまくいったのは、お父さんが中学受験の専門家だからじゃない？」

「もともとお子さんができのいい子だったんでしょ？」

このように思われた方がいるかもしれませんね。実際、私や妻もまわりからさんざんそういわれました。たしかに、私が中学受験の専門家であることはアドバンテージです。知識があるぶん、先が見通せますから。

ただ、その知識というのは本書も含めたこれまでの著作やメディア取材でお話ししている内容そのもので、知れば誰でも使えるレベルです。

また、息子は私と妻にとっては特別な子で、毎日のように「この子は本当にすごいね」「あんなこともできるんだね」「さすがとしかいいようがない」などと、二人で親バカトークをしていますが、これまでたくさんの子どもたちを見てきた経験からいうと、彼はけっして天才型ではありません。わが家でやってきたのは誰でもできることばかりです。

「子どもと行動するときは時間に余裕を持つ」
「日常を遊びに変えて学ぶきっかけを与える」
「朝ごはんのあとに今日の予定を聞く」

など、実はたいしたことはやっていないのです。

もちろん、相手が幼い子どもなので時間と手間はかかります。それを面倒だと思って後回しにするか、ちょっと面倒ではあるけど、あとでラクができるならやってみようかと思えるかどうかの違いです。当然、後者のほうが中学受験もラクになりますから、トータルでは圧倒的におトクです。

子ども自身が毎日のスケジュールを決め、自律的に中学受験を進めてくれるからです。親はそれをチェックしてあげるだけ！　これなら共働き家庭でも中学受験につき合っていけそうですよね。そして何より、子ども自身の自立が進みます。つまり、親にとっても子どもにとってもハッピーだということです。これこそが、本書で一番伝えたいことです。

自分に自信が持てる親は受験もうまくいく

中学受験専門のプロ講師、カウンセラーになってからの20年以上で、相談に携わったご家庭は6000件以上。さまざまなケースを見てきた私が肌感覚で感じているのは、自分に自信がある親御さんは子育てがうまくいっているということです。

自分に自信があるといっても、社会的に成功しているとか、自分をアピールしているということではありません。むしろ、話の流れで学歴を聞くと、「いやいや、私はぜんぜん勉強ができなかったんです。そう思うと、私の子なのにあの子はすごいなと感心しちゃいますよ」と笑顔で答える。それが本心だということが伝わってくるのです。こういう親御さんは、悩み相談にいらしても終始明るい。そしてひと通りしゃべったら、スッキリした表情でこういいます。

「いろいろありますけど、あの子なら大丈夫だと思います」

成績で困ることが今あるとしても、こういう親御さんの場合、私は「あ、大丈夫だな」と受け止めます。成績が伸びないのは単に勉強のやり方を知らないだけで、そこを教えてあげれば伸びていくことが見通せるからです。一方、親御さんが自身を責める言葉を並べるようだと、少し心配になります。

「この子が伸び悩んでるのは、私がうまく勉強を教えられないせいですよね……」
「私が仕事をしていなければ、この子が勉強で困っていても助けられるのに……」

責任を背負ってしまうのでしょうね。子どものことを大切に思っている気持ちが痛いほど伝わります。でも、こういう親御さんのお子さんは、成績が伸びるのに苦労しがちなのです。家庭の中にお母さんの笑顔がないからです。

この章のはじめで、子どもの熱中体験の大切さをお伝えしましたが、子どもが何かに熱中しているとき、そこには必ず親御さんの笑顔があります。「大好きなお父さん、お母さんがニコニコ笑顔で見守ってくれている。だから、今ボクは安心してこれ（遊びでも勉強でも）に取り組むことができるんだ」と思えるのです。ところが、大好きなお母さんがいつも不安そうな顔をしていたらどうでしょう。子どもは勉強に集中するのが難しくなってきますね。

ニコニコ母さん・父さんと、心配母さん・父さんの違いは、自分軸を持っているかどうかです。今、世の中にはたくさんの情報があふれています。インターネット上ではさまざまな「子育て論」が発信され、うまくいっている人の「これをやっておくべき」「これができないとダメ」といった情報が次々と目に飛び込んできます。「自分はこう考える」「自分はこれでいいんだ」という自分軸がないと、情報に振り回されてしまいます。そして、うまくいっている人と自分を比べて、自己嫌悪に陥ってしまう……。

でも、そんな情報を気にする必要はありません。「よそはよそ、ウチはウチ」です。「へぇ～！　こんなことをやってる人もいるのね～」という程度にとらえるくらいでちょうどいいのです。自分に対しても子どもに対しても、「私は私」「あの子はあの子」で、できることをやっていく。すると笑顔が戻ってきます。

つまずいても〝なんとかなる〟と思える心の育て方

かわいいわが子には幸せな人生を歩んでほしい、失敗させたくないと思うあまりに、小さいころから何でも先回りをしてしまう親御さんがいます。そうやって守られてきた子どもは、ちょっとした壁にぶつかったり、失敗をしたりすると、「もうダメだ」「もうやりたくない」とあきらめてしまう傾向があります。

なぜでしょう？　人は失敗から多くを学ぶからですね。お湯がわいたばかりのやかんの取っ手にうっかり触ってしまって、ものすごく熱い思いをした。だったら次はミトンを使おう。先生がいってた宿題の内容をメモしなかったら、やっていくのを忘れてしまった。次はきちんとメモをとろう。そうやって、子どもたちは失敗から学んでいくのです。

「失敗は成功のもと」というように、うまくいかなかった経験は次のやり方を変えるチャンス。失敗を経験しないと、次にどうすればいいのかを考えるチャンスを失いますし、失敗して落ち込んだときに気持ちをどう整えるかも学べません。**何でも先回りをしてしまうことは、お子さんが成長する機会を奪うことでもある**のです。

ただ、ここで大事なのは、子どもがつまずいたり失敗をしたりしたときは、必ず立ち直らせてあげるということ。

中学受験の勉強は小学4年生からはじまり、そこから3年をかけて準備を進めていきます。その間、はじめから最後までずっと成績がいい子などほとんどいません。順調に勉強を進めていた子の成績が急に落ちることもよくあるし、どんなに優秀な子でも必ず壁にぶつかるときがきます。

そうしたときに、ぜひ「上手につまずく」練習をしてください。

［上手なつまずき方］ つまずく→何が起きたのか確認する→立て直す方法を探す→何とかなりそうだという気持ちを持つ

［下手なつまずき方］ つまずく→困る・不愉快になる→責める→あきらめる

たとえば、お子さんが塾の授業がわからなくて困っていたとして、子どもの事情も聞かずに「ちゃんと授業を聞いてないからじゃない?」「やる気がないの?」と子どもを責めてしまうこと、ありませんか?　頭ではよくないとわかっているのに、ついやってしまうこと、ありますよね。しかし、困っているのに怒られることほど子どもにとってイヤなものはありません。

こういうことが重なると、子どもは「困ったらダメなんだ」という理解をしてしまいます。わからないことや上手くいかないことから、目を背けるようになっていくのです。こうなってしまうと、なかなか回復できません。

一方、上手につまずかせる親御さんは、子どもが勉強で困っているようだったら、まずは「どうしたの?」「どこで困っているの?」と聞きます。子どもは「もうぜんぜんわからない」というかもしれないし、「よくわからない」と答えるかもしれません。そうしたら、「どこまではわかっているの?」「先生は授業中にどういうことを教えてくれた?」とさらに聞いていきます。

そうやって、「今、何が起きているんだろう?」ということを確認します。そのときに「ここまではわかってる」という子どもなりの回答があったら、「それでどんなやり方を試してみたの？」「どういうふうに考えようとしたの？」と本人なりの努力を聞いてあげます。このような質問をするのは、「(理解が)ゼロじゃないよね」「できること、わかることもあるよね」という感覚を持たせてあげるためです。

そのうえで「じゃあもう1回、一緒にテキストを読んでみようか」とか、「参考書に似た問題があるかもしれないから見てみようか」と親子で解決策を考えます。そこでわかれば「ああ、よかったね」といってあげられるし、それでもわからなかったら解説を見て、「解説ではこういうふうにやるって書いてあるよ」と教えてあげればいい。

そのあとが大事で、つまずかせ上手な親御さんは「解説ではこう書いてあるけれど、意味はわかる？」と子どもに聞くのです。そこで本人がわかるといえば、「じゃあ、ちょっとお母さんに説明してくれる？」と親御さんが生徒役になって教えてもらいます。きちんと説明ができれば「なるほどね。よく理解できているじゃない」としっかりほめる。

そして、今わかったことが頭から消えないように、もう一度、今度は答えを見ずに解かせます。いま答えを見たばかりなのだからできて当たり前、ということではありません。ここでの目的は「できた」という体験をさせてあげることです。

失敗をしたり、わからないことがあったりしても、やるべきことをやれば必ず立て直す

ことができる。そういう経験を幼いときからたくさんしてきた子は、どんな壁にぶつかっても「自分ならなんとかできる」と自信を持つことができます。

2019年度の麻布中の理科入試はエスプレッソのつくり方について問うていました。こうした問題を目にしたとき、多くの子は「こんなこと知らないよ。塾でも習ってないし……」とひるみます。でも、わからないことを自分でがんばって解ききったという経験がある子は、「うーん、これは知らないなぁ〜。でも、問題文を読んでいけば何かヒントが隠されているかもしれないぞ」と読み進めます。両者の違いは何かといえば、「何とかなるだろう」という気持ちをもっているか、自分に自信があるかどうかなのです。

また、こうした初見の問題に対して、「まずは読んでみよう！」と好奇心が持てるかどうかも大きいと思います。こうした心を育むのに欠かせないのが、幼少期からの親のかかわりです。幼少期に子どもをたっぷり遊ばせ、遊びながら学ぶ楽しさを教えてあげる。たくさん失敗をしてもいいから、自分の力で立て直す経験をさせてあげる。幼いときから何か特別なことをやらせたり、何か特別なものを与えたりするよりも、親御さんのちょっとしたかかわりを大切にしてください。子どもは、自らグングン伸びていく姿を必ず見せてくれます。

第3章

高学年でグンと伸びる「タイプ別」学習法

お子さんの好きなことをいくついえますか？

長年中学受験の指導に携わってきて、私自身が強く実感していることが一つあります。5年生をすぎたあたりから成績がグングン伸びる子たちの秘密。それは、その子たちが自分に合った勉強のスタイルを選べているということです。

たとえば、授業中に先生の話を聞いているようで聞いていないぼーっとしている時間があっても、意外に成績はいい子がいます。授業中にずっと集中しているわけではない。でも、何か問題を解いているときに「あっ！」と気づいてがぜんスピードが上がったり、パラパラと教科書を眺めているかと思いきやハッと思い出して問題を解いたりします。

そこに何が起きているのかというと、そういう子は自分の学びのスタイルをつかんでいて、自分が気持ちよく勉強できるときとそうでないときの区別がついているのです。

気持ちよく勉強ができているときは自分の力や感性が上手く使えていますから、学力が伸びやすい。ですから、お子さんの学力を伸ばしてあげたいのであれば、その**〝気持ちよく勉強ができるスタイル〟をできるだけ早く見つけてあげること**です。

それには、お子さんのタイプを見きわめてあげる必要があります。そこで私からの質問。お子さんが「好きなこと」「いつまでも集中できること」「いま興味を持っていること」をしているときは、どんな様子ですか？　最低10個書き出してみてください。

- 特にどんな遊びをしているとき、楽しそうにしていますか？
- そのとき、お子さんはどんな表情をしていますか？
- 口元はゆるんでいますか？　それともキリッとしていますか？
- 目元はどうですか？　体の姿勢はどうですか？

そうやってお子さんの姿を思い出してみてください。表情や姿勢が鮮明に思い出せるなら、それはあなたがお子さんをよく見ている証拠。「あれ、どうだったかな？」とはっきり思い出せない場合、もう少しお子さんを見てあげる時間が持てるといいですね。

というのは、**好きなことにのめり込んでいるときが、お子さんの学びの最強スタイル**なのです。お子さんの学力をグングン伸ばしていくには、いかにそのモードに近づけるかがポイント。まずはお子さんをじっくり観察してみましょう。

わが子がのめり込む〝最強の学びモード〟を見つけよう

大人でもそうですが、何か好きなことに取り組んでいるときは、気がつくと時間がたっていることがあります。楽しいからもっとやりたい、楽しいからもっと知りたい、楽しいからもっと上手にできるようになりたい――。

子どもにとって、そういう気持ちになるのは遊んでいるときです。

幼児の遊びというと知育玩具を思い浮かべる方がいるかもしれませんが、小さい子どもにとっては日常のすべてが〝遊び〟。床にゴロゴロしながら何かを夢中で読んでいたり、あっちに手を伸ばし、こっちに手を伸ばしと遊びをコロコロ変えながらも楽しそうにすごしていたりと、子どもが「気持ちいいなぁ〜」「楽しいなぁ〜」と感じる遊びのスタイルはさまざまです。この心地いい状態のとき、子どもの五感はフル回転します。見たもの、聞いたもの、触ったものを全身でキャッチするのです。

つまり、子どもが遊びに夢中になっているときは学びのセンサーが全開。これをぜひ勉強スタイルに取り入れてください。

最近はこうした「遊びの価値」を理解している親御さんも増えてきましたが、まだまだ多くの方が勉強とは机に向かってやるものだと思い込んでいます。まじめな親御さんは、「勉強をするときは背筋をピンと伸ばしなさい」と、姿勢について細かく注意します。

筋力がついて姿勢を保てるようになると集中力も持続しやすいので、たしかにその注意も間違いではありません。しかし、「子どもが気持ちよく勉強できるようにしてあげる」という視点は、常に忘れないようにしてください。

というのは、5歳はもちろん、小学校高学年になっても子どもは成長の発達途中。大人が望むようなスタイルで勉強させようとすると、体をコントロールすることに意識が使われてしまい、頭が上手に動かなくなりがちです。中学受験にあてられる時間は限られていますから、**少々姿勢が悪くても、子ども本人が気持ちよく勉強できている方が将来につながります。**わが子の〝最強の学びモード〟をぜひ見つけていきましょう。

親の質問力が子どもを大きく伸ばす

ムリなく子どもの受験を成功させるために磨いておきたいのが、わが子についての説明能力です。たとえばお子さんの勉強について塾の先生に相談を持ちかける際に、こういう質問の仕方をする親御さんがいます。

「先生、ウチの子この問題が解けないのですが、どうしたらいいですか？」

こういう質問をされると、塾の先生はその問題の「解き方」を説明することになります。それ以外の情報がないからです。一方、子どもを伸ばせる親御さんはこう質問します。

「ウチの子はこのドリルをやっているときは、自分からどんどん進めていけるのに、塾から出される宿題のプリントはなぜかやるのをイヤがるんです。私から見ると、同じ計算のように感じるのですが、何が違うのでしょうか？」

こういう質問をされたら、塾の先生はまずそのドリルと塾の宿題を見比べます。すると、「お子さんは暗算で解ける問題は好きだけど、３ケタ以上の数字の計算は苦手意識が出てしまうようですね。単に面倒くさくてイヤなのか、そもそも整理の仕方が理解できていないのかのどちらかが考えられます。どこまで理解できているのか、少し探ってみたほうがよさそうですね」と、現状での学習上の障害を見つけてアドバイスしてくれます。

この違いはおわかりですか？　先の質問は「問題」についてわかるだけ。一方、後の質問は**「わが子を伸ばすツボ」を先生に考えてもらえる**のです。親御さんがお子さんをどれだけよく知り、わが子の自己紹介ができるかによって、塾の先生の生かし方が変わってくるというのは知っておきたいですね。

わが子の「素敵！」を50個見つける

そこで、みなさんにもう一つ取り組んでいただきたいことがあります。次のページにお子さんの好きなところを50個書き出してみてください。お子さんのいいところ、素敵だなと思うこと、すごいなと思うこと、がんばっているなと思うことなど、何でもいいから好きだなと思うことを50個書いてみてください（できれば家族でご一緒に）。

とりあえず、先を読みたいので「あとで」はナシです。ここをうめない限り先を読まないようにしてください（笑）。そのくらい大事なことです。

26	
27	
28	
29	
30	
31	
32	
33	
34	
35	
36	
37	
38	
39	
40	
41	
42	
43	
44	
45	
46	
47	
48	
49	
50	

わが子の「素敵!」を50個書いてみましょう

1	
2	
3	
4	
5	
6	
7	
8	
9	
10	
11	
12	
13	
14	
15	
16	
17	
18	
19	
20	
21	
22	
23	
24	
25	

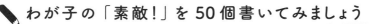

いかがでしょう？　50個書けましたか？

このワークは、私が講師を務める子育てセミナーでもよくやっていただくのですが、多くの方はまず10個書いたあたりで手が止まります。子育てが順調な親御さんでも20個くらい。そして「50個はキツいなぁ……」というつぶやきが聞こえてきます。

多くの親御さんは、まず子どもの〝すごいところ〟を書きはじめます。「○○が得意」「○○で優勝した」「○○で○級をとった」「○○の目標に向かってがんばった」といった、世間から評価されそうなことを書き並べていきます。

でも、どんなに才能のある子でも、トロフィーのようなものがもらえる経験はそう多くはありません。10個ほど書いたところで手がピタリと止まるのはそのためです。

で、続きを書こうとして「うーん」とうなったあと、ふっと覚悟が決まったような表情に変わり、再び書きはじめるのですが、書く中身が少し変わります。世間からどう思われるかに関係なく、「私はいいなと思うこと」を書きはじめるのです。

- 笑顔が素敵
- いつも明るい声で返事をする

・ごはんをおいしそうに食べる
・弟のことをかわいがってくれる
・自分のことを好きだといってくれる

自分の目に映る子どもの「いいな」が並びます。自分が感じる子どものよさに意識が向くようになるのです。興味深いことに、このときお母さん方は30個、40個と書いていくのですが、お父さんは20個くらいでどうにも手が動かなくなることがあるのです。日ごろ、子どもに向けている視線の違いが出るのでしょうね。とはいえお母さんも、さすがに40個くらいになるとネタ切れになってきます。

それでも50個書き出さなければとなると、最後はもう「ペンギンさんが好き」「ズボンのすそがめくれているところがかわいい」など、「素敵!」と関係ないようなことを書きはじめます。実はそれがとても大事なことなのです。

50個書いてもらうのには理由があります。まず、第一段階で多くの親御さんは世間から見たわが子の評価を書きます。そこでネタが尽きると、第二段階で「私だけが知っているわが子のいいところ」を書きはじめます。それも尽きると、最後の第三段階で「まわりがどう思おうが、本人がどう思っているか知らないけど、私はこの子のここが好き。ここがかわいくて仕方がない」ということを書きはじめるのです。

この段階になったとき、「この子はこういうところもすごいな」「これもこの子の魅力よね」と素直にわが子の能力に驚ける親になれています。〝親バカ力〟です。そうすると、「ウチの子はこういうことが得意で、こういうことをやるのが好きなんですけど」と、塾の**先生の力を借りたいときに、わが子を紹介するのも上手になる**のですね。

ありのままのわが子を見られるようになると、「この子は今、気持ちが乗っているな」「ちょっと不安そうだな」など、子どもの細かな心の動きを感じとれるようになります。そして、わが子の状態を理解できていれば相談するときにも詳しく説明でき、最適なアドバイスをもらうことができる。結果、子どもがとても伸びやすくなります。

子どもを伸ばす親御さんは、わが子のありのままの姿を見る目を持っているのです。

〝優位感覚〟が最適な学習方法をわが子に教えてくれる

わが子の「素敵！」をたくさん見つけていただいたうえで、みなさんにぜひ知っておいてほしいのが、**人にはそれぞれ得意な学習タイプがある**ということ。

子どもの学習について親御さんから相談されたとき、私は次のようなことも必ず聞くようにしています。

- お子さんはどんな遊びが好きですか？
- 小さいときはどんな子でしたか？
- 絵本は何が好きでしたか？
- どんなことをしているときに楽しそうな表情を見せますか？

なぜこんなことを聞くかというと、お子さんの感覚や意識が向かう傾向が見えてくるからです。

人間には視覚、聴覚、嗅覚、触覚、味覚の5つの感覚がありますが、これを視覚、聴覚、そして残りを身体感覚（触覚や嗅覚などの皮膚感覚）の三つにグループ分けします。このうちのどの感覚から得た情報に頭と心が反応しやすいかは人それぞれに「クセ」があります。専門用語では「優位感覚」と呼びます。どの感覚をより多く使う傾向があるかというものので、その人の優位感覚が何かによって、同じことを伝えるにも感じとり方が異なるのです。

たとえば、目から入ってきた情報に反応しやすい「視覚優位タイプ」の人は、何かを記憶するときに映像で覚える傾向にあります。耳から入ってきた情報に反応しやすい「聴覚優位タイプ」の人は、言葉や音で記憶するのが得意。そして、触覚や嗅覚、皮膚感覚など身体感覚を通した情報に反応しやすい「身体感覚優位タイプ」の人は、見たり聞いたりするより、その場の雰囲気や感じ方を記憶する傾向にあります。

これはあくまでその人が持つクセであり、どのタイプが優れているかという話ではありません。また、一つの感覚だけを使うわけではなく、「どの感覚を多く使う傾向があるか」ということです。

この感覚タイプという知識があると何がいいのかというと、お子さんにとっての効果的な学習法を発見するヒントになるのです。次のページにお子さんのタイプを探る質問を用意しました。特に当てはまると思うものに印をつけてみてください。「V」「A」「K」のうち、数が多いものがお子さんの学習タイプです。お子さんはどのタイプに近いでしょうか？

わが子の感覚タイプを見つけよう

学習タイプ判定シート

次のような場面でお子さんの様子はどれに近いですか？　あてはまる欄にそれぞれ丸をつけてください。つけたら、V、A、Kの数をかぞえましょう。

No.		質問	
1	文字を覚えるときにどうするのが覚えやすいですか？		
	ア	一点一画を意識しながらていねいに書く	A
	イ	なぐり書きでたくさん書く、大きく書く	K
	ウ	じっとながめてから書いてたしかめる	V
2	家族でお出かけしたときのことを思い出すとき、次のどれに近いですか？		
	ア	最初に、その日の気分がよみがえってくる	K
	イ	最初に、行った場所の光景や途中で目にしたものが浮かんでくる	V
	ウ	最初に、話したことやまわりから聞こえてきた音がよみがえってくる	A
3	初めて見る道具を渡されたら、どうしますか？		
	ア	あれこれ向きをかえて観察する	V
	イ	「これは何？」ということが気になって説明をほしがる	A
	ウ	とりあえず触ってみる	K
4	考え事をしているときに、気が散ってしまうのは次のどれですか？		
	ア	まわりの雰囲気	K
	イ	声や物音	A
	ウ	ふと見えたもの、目に入ったもの	V
5	文章を読むときの様子は、次のどれに近いですか？		
	ア	全体をざっと眺めてから読み始める	V
	イ	一行ずつていねいに読み進めていく	A
	ウ	体が少し揺れたり、リズムをとるようにしたりしながら読み進める	K
6	話を聞くときの様子は、次のどれに近いですか？		
	ア	話を最後まで聞ける方で、自分のこともよく話す。	A
	イ	最後までじっと聞くことはあまりなく、すぐに「わかった」という	V
	ウ	大きくうなずいてみたり手遊びしたり、あまりじっとせずに聞く	K
7	がんばったとき、どんなほめられ方を喜びますか？		
	ア	なにをどうがんばったのか、きちんと言葉で伝えてほめてもらう	A
	イ	ぎゅっと抱きしめられたり、頭をなでられたりしてほめてもらう	K
	ウ	花マルやシールをもらえたり、ほめ言葉の手紙をもらったりしてほめてもらう	V
8	テレビを見たり、文章を読んだりしたときに覚えているのは、次のどれに近いですか？		
	ア	話の内容をよく覚えている	A
	イ	人々や情景をよく覚えている	V
	ウ	行動や登場人物の感情をよく覚えている	K
9	親がいま何を考えていそうか探ってくるときは、次のどれに近いですか？		
	ア	顔色をうかがったり、ちらちらとこちらを観察したりしてくる	V
	イ	雰囲気を探るようなしぐさを見せたり、ふと近づいたり（遠ざかったり）する	K
	ウ	こちらの話すことに聞き耳を立てたり、声の調子に反応したりする	A
10	怒ったときの様子は次のどれに近いですか？		
	ア	激しく言葉で怒りを表現する	A
	イ	地団駄を踏んだり、こぶしを握りしめたり、ドアをぴしゃりと閉める	K
	ウ	むすっとしてものをいわなくなる	V
11	次の遊びや楽しみの中では、どちらかというとどれが好きですか？		
	ア	お絵かき、パズル、迷路	V
	イ	なぞなぞ、しりとりなどの言葉遊び、音楽	A
	ウ	外遊び、ダンス、騒ぐこと	K
12	授業中の様子としては次のどれに近いですか？		
	ア	先生が板書するのをよく見ながら、手元のテキストを見る	V
	イ	先生の説明をよく聞きながら、あわてて板書を写す	A
	ウ	もぞもぞしながらも授業を聞いている。問題が解けたときのリアクションが大きい	K

V（Visual）…視覚優位　A（Auditory）…聴覚優位　K（Kinesthetic）…体感覚優位

ウチの子はどれ？　強みを知る三つのタイプ

では、ここで各タイプの特徴をあげておきましょう。

☑［V］視覚優位タイプの人の特徴

映像を思い浮かべながら話します。映像は言葉より情報量が多いため、多くのことを言葉で表現しようとして早口になる傾向があります。また、話が飛ぶこともよくあります。視線は上を向くことが多く、思い浮かべている映像を表すように手振りが多くなります。「見える」「イメージ」といった視覚に関する表現をよく使います。

ものを記憶するときは、絵にして覚える傾向があります。まわりの音に気持ちを乱されることは少ないタイプ。気持ちがあちこちに飛びやすいので、言葉で出される指示を覚えることは、どちらかというと苦手です。見かけを大事にし、外見に心を動かされやすいといえます。

かかわり方のコツ

視覚優位(Visual)な子どもの場合

自分の優位感覚が異なるときに、相手に抱きがちな印象
●話を聞かない　●話が飛ぶ　●テンポが速い　●顔を合わせたがる
合わせるコツ
○速いテンポで話す　○図やグラフを使う　○見せて話す ○きれいな場所で話す　○結論を先にいう　○全体像を先に伝える
勉強のコツ
・「図」や「表」を用いて情報整理の工夫を行いながら指導する。 ・本人に絵や図を描かせてみたり、情報をマインドマップにまとめさせたりして理解度確認をする。 ・全体像を感覚的に把握した気になりやすいので、細部を言葉で確認したり文に書かせてみたりする。

聴覚優位(Auditory)な子どもの場合

自分の優位感覚が異なるときに、相手に抱きがちな印象
●話が長い　●理屈が多い　●矛盾を指摘する　●電話で済ませようとする
合わせるコツ
○論理的に説明する　○データや数字を使う　○言葉をていねいに、正確に使う ○静かな場所で話す　○相手の言葉を繰り返していう(おうむ返し)
勉強のコツ
・一つひとつの言葉をはっきりと、内容ごとに区切って伝えるようにする。 ・マニュアル理解時には音読を促す。指導内容をボイスレコーダーに吹き込んで聞かせる。 ・関心が細部に偏って全体像を見失いがちなので、図や目次を使って全体と細部を関係づける。

身体感覚優位(Kinesthetic)な子どもの場合

自分の優位感覚が異なるときに、相手に抱きがちな印象
●直感的すぎる　●感情に浸る　●テンポが遅い　●ボディタッチが多い
合わせるコツ
○感情的な表現を使う　○体験してもらう　○触れてもらう ○ゆっくりしたテンポで話す　○開放的な場所、安心感のある場所で話す ○共感から入る
勉強のコツ
・暗記させるときには、身振り手振りを交えて実演させたり、大きく口を開けて復唱させたりする。 ・散歩しながら、または立ったままで勉強する。 ・複数の情報をまとめて伝えてしまうことを避け、腑に落ちた様子を確認してから次を伝える。 ・感覚でものごとをとらえがちなので、「数字」「用語」「回数」などは再チェックを行う。

☑〔A〕聴覚優位タイプの人の特徴

言葉を大切にして話します。そのため、論理立てて話すことが多いのが特徴。視線は横を向くことが多く、耳やあごに手をやることが多くなります。「聞こえる」「リズム」といった聴覚に関する表現をよく使います。

聞いて学習することが得意なため、言葉で伝えられたことをそのまま実行できます。取扱説明書やマニュアルで学ぶことが得意。声の調子や言葉に反応しやすいようです。

☑〔K〕身体感覚優位タイプの人の特徴

身体で感じながら話します。感性が豊かで、ゆっくり話すのが特徴です。視線は下を向くことが多く、また目を閉じて考える様子もよく見られます。感覚を表現するような身振りや手振りが多くなります。「感じる」「雰囲気」といった身体感覚に関する表現をよく使います。

具体的な感触やふれあいに反応しやすく、ボディタッチをともなうコミュニケーションが多くなります。実際に行動したり、身体を動かしたりしながら覚えると習得が早まります。感触や感じに興味を持ち、一つのことをじっくり味わうのが好きです。早口でたくさん話されると情報の処理がついていけなくなり、気持ちが離れてしまうことがあります。

どのタイプが学習に優れているということはありません。どのタイプも伸びます。ただ、大手進学塾のような集団クラスで授業を行う場合、視覚的なアプローチで教えるのが好きな先生と、聴覚的なアプローチで教えるのが好きな先生に分かれます。

子どもは大人以上に身体感覚をよく使います。そのうえで、多くの子が「視覚＋身体感覚」「聴覚＋身体感覚」、もしくは「全力で身体感覚」の3パターンのいずれかに分かれます。ところが、集団クラスでは一人の先生が複数の子どもに一斉に教えなければならないので、黒板に図を描いて教える視覚アプローチか、詳しく説明して理解させる聴覚アプローチで授業が進みます。

すると、自分の腑に落ちることを大事にする身体感覚優位タイプの子は、授業をずっと聞いているのが苦痛に感じたり、ただ見ているだけでは頭に入ってこなかったりして、授業中の理解が上手く進まないということになりがちです。

でも身体感覚優位タイプの子は、感覚にうったえる勉強だと「あっ！　なるほど!!」とわかったときの理解の深さは大きい。がっちり理解したことについては、応用問題も苦にしないという面を持っています。

つまり、**その子に伝わる教え方をしてあげればものすごく伸びるし、ものすごく勉強をするようになるわけです。**

［タイプ別］子どもが食いつく勉強法

日ごろから本をあまり読まない子で、文章を読むのも苦手という子に対してはどのように対処できるでしょうか。私なら、まず「好きなことは何かな？」と聞いてみて、昆虫が好き、レゴブロックが好き、ゲームが好きなど、本人の興味をつかみます。

国語の教科書や推薦図書を読まなければいけないわけではありません。興味に合った文章を選んであげて、文字表現に慣れることを優先させればいいのです。

昆虫好きの子には虫に関する物語や読み物から入り、生き物全般に関する文章に広げていく。虫の生息環境の話題から、地球儀を回して気候や文化の違いを述べた文章に触れてみるなど、興味の広げ方は自在です。

聴覚タイプのお子さんは、こうした知識を積み上げていく学びを好む傾向にあります。

視覚タイプのお子さんでいうと、たとえばブロックが好きな子。パーツで自分なりの世界をつくり上げることにおもしろさを感じているでしょうし、手を動かして実感できるところにも反応しているでしょう。とすれば、物語を読む際には場面を簡単に絵にしてあげる、または話の展開を4コママンガのようにして見せてあげると、食いつき方が変わります。

また、マニュアルなどの論理がはっきりしている説明文とも相性がいいはずですから、段落同士のつながりがわかりやすいように、色を使って大事なところを囲んであげる、キーワードを矢印でつないで図にしてあげる、といった工夫が向いています。

「ゲームばかりして！」としかりたくなったとき、ちょっと立ち止まってお子さんがどんなゲームが好きなのかあらためて観察してください。身体感覚タイプの子は、格闘ゲームやシューティングゲームのように「反応」重視のゲームが好きなことが多いのですが、こういう子はテンポのいい学習を好みます。

理科や社会では一問一答形式でクイズのように問題を出してあげる、計算練習ではタイムトライアル形式や親子で競争するといった工夫がいいですね。文章を読むときも、最初の2、3段落を読んだところで後ろを隠して「はい、このあとどんな話になっていくかでしょう？」とクイズを出してから続きを読ませてあげる、という遊びもできます。

お子さんが好きなものに注目して、「この子はなぜこれを好むのだろう？」「どういったところが好きなんだろう？」と、子どもの立場で感じ方、頭の使い方を想像します。そして、その感じ方や頭の使い方に合わせた工夫をしていけばいいのです。

タイプによって国語の物語文の感じ方はさまざま

「何回教えても理解できない」という言われ方をする子がいます。その理由として考えられるのは、学んでいることを理解するために必要な、前段階の知識を習えていないこと。そこはクリアしているのになかなか理解ができない場合は、その子の感覚タイプに合わないやり方で教え込まれていることが考えられます。

よく「優れた先生は手を替え品を替え教えてくれる」という言い方をします。私は受験科目でいうと国語を教えることが多かったのですが、たとえば国語の物語文で主人公の心情を考えさせるとき、手を替え品を替えて教えるとこうなります。

芥川龍之介の『トロッコ』という小説を例に考えてみましょう。この小説は、主人公の

［タイプ別］ほめ方としかり方

視覚タイプ	「◯がそろっていてすごい」「見やすい字で最後まで書けたね」「勉強している様子がかっこよかったよ」などと、イメージがわく言葉でほめるようにしましょう。しかる必要があるときは、「ノートの途中から字が急に乱雑になってるよ。最後まできちっとやりとげてほしいな」と、何に対してしかっているのかが本人に見えるように工夫してください
聴覚タイプ	単に「すごい」「えらい」「がんばったね」で片づけず、「何を」がんばったと感じているのか、「なぜ」ほめているのかが本人に伝わるように、言葉を選びましょう。「眠かったはずなのに最後まで終わらせようとしてたね。決めたことをやれるって本当にすごい。えらい」といった具合です。しかるときは、過剰な言葉をけっして使わないようにしてください。言葉に敏感なぶん、否定的な言葉に傷つきやすい傾向があります。なぜしてほしくないのか、なぜ実行しなくてはいけないのか、理由をしっかり説明して「あなたなら理解できるし行動できるよね」という思いを込めて伝えます
身体感覚タイプ	ほめるときは大げさに、身振り手振りを交えます。言葉でほめるより、こちらがうれしい表情を浮かべ、気持ちを込めて「がんばったね」「すごいよ」と伝えてあげてください。しかるときも、「ダメなものはダメ」とビシッとしかります。くどくどしつこくいい続けるのはNGで、しかったらすぐに立て直しの行動に移らせて、できたところですぐにほめてあげるのがいいでしょう

良平が8歳のときに体験した出来事と、26歳になってその体験を思い出す場面という構成になっています。8歳の良平は、村外れにある工事現場のトロッコに乗ってみたいと、トロッコ押しを手伝うという名目で、二人の作業員と一緒にトロッコで遠くまで行く機会を得ます。ところが、途中で「もう帰んな」といわれ、夜道をたった一人で帰らなければならなくなる。そのときの良平の心情を聞かれたとき、良平の状況がイマイチわからない、どういう展開でこうなってしまったのかわからない場合、絵コンテのように場面を絵に描いて把握させながら内容を教えていく方法があります。視覚的アプローチですね。

それがすっと入らない場合は、まず誰が出てきたか人物確認をし、「それぞれどういう人だったっけ?」と人物関係図を整理したうえで、「最初にどこにいたんだっけ?」「次はどうしたんだっけ?」と言葉で問いかけをしながら進めていく方法もあります。これは聴覚的アプローチです。

それでもその場面がすっと入ってこない、そもそも読む気がわいてこないという子の場合、この物語と近い、その子にとってありそうな出来事を引き合いに出してみます。

たとえば良平が薄ら寒い海が広がっている夜道を一人で帰るという絶望的なシーンで、「そんなのさっさと帰ればいいじゃん」という子がいます。そういう体験をしたことがないから、良平が今おかれている状況の不安や焦りがまったく理解できないのですね。

そこで、「たとえばさぁ～、自分が小さいころ、お母さんと大きなショッピングモールに買い物に来たときに、お母さんとはぐれちゃって、迷子になって人がぜんぜんいない地下に一人ぼっちになっちゃったら、どんな気持ちになる?」「そりゃあ、ヤバイでしょ！ああ、そういう感じかー！」とすっと理解できるようになることもあります。こうした方法が身体感覚的アプローチです。

これが「手を替え品を替える教え方」です。しかし、大手進学塾では、こんなことをいちいちやってくれません。個別指導塾や家庭教師でも、そこまでていねいに教えてくれる先生はごくわずか。そもそも「優位感覚」自体を知らない人も多いのが現状です。

ですから、そこは先生だけに期待するのではなく、誰よりも近くにいる**親御さんがお子さんのタイプを把握し、それに応じたアプローチで勉強を手伝ってあげてください。**

なお、この優位感覚は、お子さんの成長とともにその傾向が変化していきます。幼少期は身の回りの体験を通して感覚が刺激されるので、身体感覚が優位に出ることが多いですが、子どもの成長とともに行動半径が広がり、読書や人との接触で見聞きする世界が広がっていくと、よく使う感覚のバランスも変わっていくのです。成長に応じた変化に気づいてあげられると、さらに勉強が手伝いやすくなります。

算数で図を書くのが苦手な子には

一般に、算数が得意な子は視覚感覚をよく使うようです。視覚優位タイプの子は算数の文章題を図式化し、それをもとに考えを進めていくことが得意です。一方、聴覚優位タイプの子の場合、図にすること自体のハードルが高くなりがちです。女の子は算数が苦手だといわれることが多い理由の一つは、相対的に女の子は聴覚タイプの学びをする傾向が強いからです。「きっちりやる」よう育てられてきたためでしょう。一つひとつ確認しながら、理解を深めていく勉強スタイルなので、図で大づかみをするという視覚を使った勉強スタイルがしっくりこないのです。

しかし、**受験算数は図を描いて解かせるタイプの問題が多いので、図にするスキルなしに解こうとするといずれ壁にぶつかります。**であれば、早い段階からその作法を教えてあげることをおすすめします。

聴覚優位タイプの子は言葉で習得するのが得意ですから、まずは問題を一緒に読んで、たとえば速さの問題だったら、「今、ここに誰がいるんだっけ？」「Aちゃんが何をしたんだっけ？」「Bちゃんは何をしたんだっけ？」とそれぞれの行動を言葉で確認し、そのうえで「それを図で表したらどうなると思う？」と問いかけます。もしわからなかったら図を描いて見せて、「同じように描いてごらん」といってあげると描けるようになります。できないのではなく、「描き方」がわかっていないだけです。

理解能力の問題ではなく、単に今までそういう感覚をあまり使ってこなかっただけの話。やり方を見せてあげれば、どういうふうにやればいいのかが理解でき、それをくり返しやることで身についていきます。

そういう事情を塾の先生にわかってもらえずに、「図を描いて解くのがどうも難しいようですね。算数のセンスの問題かな」などといわれてしまう子がたくさんいます。**「算数が苦手」と決めつけてしまうと、お子さん自身も「私は算数が苦手なんだ……」と苦手意識を持つようになって、ますます苦労する。**これは本当にかわいそうです。

人にはそれぞれ生まれ持った優位感覚があり、それに合わせてアプローチをすると伸びていくことを、子どもの成長にかかわる大人たちはぜひ知っておきたいですね。

親のやり方が子どもに通用するとは限らない

タイプ診断は、実はお子さんのためだけではありません。今、この本を読んでくださっているお父さん、お母さんもそれぞれに学習タイプを持っています。

先ほどの診断表を子ども時代の自分でも試してみてください。いかがですか？　お子さんと似ていますか？　ずいぶん違っていますか？

学習タイプの違いは、学習するうえでの親子の意思疎通に影響してきます。タイプが似ていれば、親の自分がうまくいった勉強法がお子さんにもすんなり当てはまることが多いですが、タイプが違うとどうにもうまくいかないということが起こります。

たとえば、漢字の勉強をさせるとき、聴覚優位タイプの親御さんは、何回も書いて覚えさせたがります。なぜなら、自分が何回も書いて覚えてうまくいってきたからです。

ところが、私自身がそうなのですが、視覚優位タイプの人は、目から覚えてしまいます。だから、何回も書いて覚えるというやり方を嫌います。疲れるだけだからです。

身体感覚優位タイプの子の場合は、思いきり大きな字を書かせたり、身体を動かしながら絵かき歌で覚えさせたり、漢字の例文そのもので場面の雰囲気を想像させたりすると効果的です。「見て写しなさい」というのは、苦痛に感じるでしょうね。

このように、漢字の習得一つとってもやり方は違うのです。なかなかやりたがらないわが子を見て、「やる気がない」と決めつけるのではなく、単にタイプが違うだけとわかれば、親御さんの気持ちもラクになりますよね。

この学習タイプは、どの感覚をよく使うかというクセの問題ですから、子ども同様に大人も人生経験に応じてタイプ自体が変化していきます。私自身も、若いころは圧倒的に視覚に偏っていたのですが、個別指導塾を立ち上げ、1対1の指導技能を高める努力と研究を進める中で、身体感覚を意識的に使うようにしました。雰囲気を感じるようにしたり、子どもが黙っているときに「今この子は何を感じているのだろう」と本人になったつもりで同じ気分を感じようとしたり。

5年ほどすると肌を通して感じとるものが増え、タイプ診断をしても、視覚優位は変わらないものの身体感覚の要素がアップしていました。私と出会ってくださった方は、身振り手振りを交えて話したり、うろちょろしながらものを考えたりする様子を目にすると思うのですが、あれは身体感覚を使おうとした努力の成果。これは本当です（笑）。

ご自身がどの感覚をよく使っているのかということを意識してみると、お子さんとのかかわり方が今よりずっと上手に選べるようになりますよ。

子どもをやる気にさせるほめ方・やる気を奪うしかり方

子どもを気持ちよく勉強させるために親御さんにぜひやっていただきたいのは、お子さんをたくさんほめてあげることです。

今世の中には、「ほめて育てる」というテーマの本だけでも相当数あります。それだけ「ほめる」ということは、子育てにおいて大きな力になることは間違いないのですが、同じほめるなら、より子どもの力になるほめ方を選んでほしいと私は思っています。

「あら、100点！　すごいじゃない！」
「リレーで1位がとれてよかったね。お母さん、あなたを誇りに思うわ」

子どもがいい成績をとると、親はうれしいものです。そこで、ついこのような言葉をかけてしまいますが、これはほめ方としてはちょっと惜しいところがあります。自己管理ができていて、いつもぶっちぎりでトップを走っているような子であれば、こうしたほめ方でいいかもしれません。でも、どんな子にも調子がいいときもあれば、悪いときもある。いつも望ましい結果が出るわけではありません。

だから、「100点」や「1位」などのいい結果に対してほめるばかりでは、そうでなかったときにマイナスの効果が起きてしまうのです。敏感な子だと「お母さんはがっかりしてる」「こんな点数では、お母さんから嫌われてしまうかも……」と、親の顔色ばかりうかがうようになることもあります。ほめているつもりなのに、かえってストレスを与えてしまっている。これは惜しいですよね。

わが子を伸ばす〝ほめポイント〟は、結果ではなくプロセスです。たとえば、同じいい成績をとったとしても、点数や偏差値の高さをほめるのではなく、その結果を出すまでのがんばりに目を向けてあげてください。

「あれ？　今回は計算ミスが一つもない。毎朝ドリルをがんばった成果が出たね！」

「今までならあきらめていた問題も、よく最後まで粘って解いたね。たいしたもんだわ」

「今回は絶対にがんばるって決めて、しっかり計画を立てて進めてたよね。疲れている日も音を上げずにがんばって、お母さんは本当にすごいと思ったよ」

こんなふうに、わが子の努力の足跡や、その結果を生み出す前に取り組んでいたことに目を向け、そこをほめてあげるのです。これを日々続けると、お子さんは自分からどんどんかしこくなっていきます。努力したことは結果につながることを学ぶからです。

ほめられたことに対し、「そうか、あれががんばるということなんだな」「間違えた問題をもう一度解くことは、別に大事なことだと思っていなかったけれど、そんなにほめてもらえることだったんだな」「頭の中で考えるのがしんどくなったから、ノートに書き出してみただけなのに、それをほめてもらえたんなら、これからもやってみようかな」と気づく。結果につながる行動やがんばりをほめられることで、それをもう一度やってみようとする。すると必然的にいい結果が出る――。このくり返しで、子どものやる気がアップし、さらに成績も上がっていくという好循環になるのです。

ただし、ここで一つ気をつけてほしいのは、**思うような結果が出なかったときに、結果はもちろんのこと、プロセスを否定しない**ことです。

「先週のあのやる気のなさでは、この結果は当然だわ」と、いい結果がとれなかったことを当然だと親が決めつけてしまうのはよくありません。親御さんがそういう言葉を投げると、「ふん、どうせボクなんて……」と投げやりになってしまいます。

そういうときには、結果は結果として受け止めたうえで、プロセスを親子で一緒に考えるようにしてください。「今回50点しかとれなかったのは残念だけれど、何で50点だったんだろうね？　悪かったということには何かしらの理由があると思うから、ちょっと一緒に考えてみようか」と、どうしてこうなってしまったのか、本当はどうすれば上手くいったのかを一緒に考えるのです。

そうすると、「上手くいかなかったのはやり方の問題で、あなたの能力の問題ではないんだよ」という言外のメッセージが子どもに伝わります。そして、「じゃあ、次はがんばろうね」と笑顔でつなげてあげると、子どもは前を向くようになります。

中学受験の勉強がはじまると、テストや偏差値などで常に数字を突きつけられます。どんなにおおらかな人でも、穏やかな気分ではいられなくなるのも事実です。だからこそ、親は意識的に「プロセス」に目を向けるように心がけましょう。

ただ、このように言葉で説明するのは簡単ですが、実行するのは「とっても！」難しいです。私も妻も、それなりにできるようになるのに3年はかかっています。

できれば受験がはじまる前から練習していくのがいいですね。勉強に限らず、遊び、お手伝い、習いごとなど、お子さんのがんばりに目を向けます。そして「すごいな」「がんばっているな」と感じたら、言葉にしてほめてあげましょう。それが子どもにとっては何よりの励みになります。

第4章

最初が肝心！
勉強嫌いにさせないコツ

「ウチの子は勉強嫌い」は思い込みにすぎない

「小学生の子どもはのびのびと遊ばせるべきだ」
「小学生の子どもに夜遅くまで塾通いをさせるなんてかわいそう」

世間では、中学受験に対してこのように批判的な目を向ける人もいます。そんななかで中学受験をすると決めた親御さんも心のどこかに、「こんなに大変な思いをさせてごめんね」という後ろめたさを持つことがあるようです。

でも、**勉強がつらいかどうかは本人が決めること。**まわりがあれこれいったり、思ったりすることではありません。というのは、成績がいい子はみんな勉強が好きかといえばそうではないし、逆に成績が悪くても勉強は好きという子はたくさんいるからです。

勉強が好きという子は、学ぶこと自体の楽しさを味わっています。幼少期に自分が遊びで得た知識が、ある日の中学受験の勉強で出てきたとき、「そっか！　あれはこういうことだったんだな」と腑に落ちたり、気になる問題が正解できれば、たとえその配点が２点だけだったとしても、「よーし!!」と喜んだり。そういう子の親御さんは、「テストのための勉強」という狭い見方はあまりしていません。

一方、毎回いい成績をとり続けているのに勉強がまったく楽しいと思わない子もいます。「点数がとれるかどうか」を目標に勉強している（させられている）子です。両者の違いは、勉強そのものの喜びを味わえているかどうか、点数だけを見て「意味がある・ない」と切り捨てていないか、という点にあります。

成績を見るより先に、本人がどんな様子で勉強しているのかに目を向けていきましょう。

〝毎日勉強をするのは当たり前〟と思わせる

自分から勉強する子に育てるにあたって、一つ重大なポイントがあります。それは、勉強を特別視しないということです。勉強をひと言でいうと新しい知識を得て考え学び、自分を高めていくこと。だから、本来の勉強はとても楽しいのです。

また、勉強は社会に出てからもずーっと続きます。ごはんを食べる、歯を磨く、寝るといった行動と同じぐらい、〝当たり前〟の行為なのです。

では、どうしたら子どもにその〝当たり前〟が伝わるのか。これはとても単純で、親自身が「勉強はするのは当たり前」と信じ切ればいいのです。

私はセミナーでいつもこんな話をします。子どもが「なんで勉強しなきゃいけないの？」という反応を見せたときをイメージしてください。そのとき、親は「え？　朝ごはん食べるよね？　お昼ごはんも食べる……よね？　夜ごはんもやっぱり食べる？　食べるね。勉強するよね」と、「食べる」と「勉強する」を同じトーンでしれっと話すのです。

怒ることも、あせることも、押しつけることもまったく不要。勉強するのは当たり前のことすぎて、「勉強しない」ということの意味がわからずキョトンとする。すると子どもは、「あれ？　あれれ？」となります。勉強するのは特別なこと、大変なことなんだと親が思うから、「イヤだ」というのです。親が肩に力を入れることなく、当たり前のことだという空気をつくってしまうと、「そんなものなのかな」という気分になるのです。

第1章でもお伝えしましたが、幼い子どもには遊びと勉強の区別はありません。ポケモンのキャラクターを覚えるのと歴史上の人物を覚えることには何の違いもないのです。電車好きの子が各地の地理に詳しいのは、頭の中で好きな電車がいろいろな風景の中を走る姿が浮かぶからであって、そういう時間は楽しいに決まっています。**「勉強ってイヤだよ**

ね」と大人がわざわざ教えなければ、子どもは勉強を楽しめるのです。

勉強をはじめるベストなタイミングは？

さて、このように〝当たり前〟の勉強ですが、いつから始めるのがいいのでしょうか？

私は、物心がついてくる3歳、4歳あたりから始めることをおすすめしています。といっても、何を勉強させるかにこだわる必要はありません。ここでは勉強を習慣化することが目的だからです。

第1章でお伝えしましたが、中学受験をするとなると小3の2月から塾通いがはじまります。大手進学塾では、スタートラインである4年生からいきなり3時間（サピックスの場合1コマ60分×3科目）の授業がはじまります。小学校の授業は1限45分、2限目のあとには20分の中休みもあるゆったりした時間割になっていますが、塾は違います。そのため、学校の感覚で中学受験をはじめると入塾後に大変な思いをすることになります。

「まだ勉強はいいよ」と学校の宿題以外は特に手をつけず、低学年までは思いっきり遊ばせてきたとしましょう。さて、4年生になったら急に自分から勉強をするでしょうか？

9歳まで「勉強をしない習慣」をつけてきた子が、「塾に入ったんだから、さぁ勉強をしなさい！」といわれても、かなり困るはずです。繰り返しになりますが、幼児期の子どもには遊びも勉強も区別はありません。ですから、物心がついたら勉強メニューも始めてしまえばいいのです。

“毎日少し”が習慣化のコツ

忍者伝説の一つに、麻の苗木を毎日飛び越える修行をしていたという話があります。1日に約3センチも成長する麻の苗木を地面に植えて、毎日それを飛び越える。1カ月で90センチ、2カ月で1・8メートルとハードルはどんどん上がっていきますが、毎日飛び続けていれば、「昨日より3センチ伸びただけ！」と挑戦することができます。ついには、3メートルの高さまでジャンプできるようになる、という話です。

実際にこんなことがあったかどうかは別として、幼児期から育む勉強習慣もこのようなイメージです。**勉強も毎日無理を感じない程度に少しずつ増やしていくようにすると、続けてできる時間が延びていきます。**

最初は1日5分からスタートしてみましょう。慣れてきたら1日6分、まだ余裕なら1日10分というように、子どもの様子を見ながら少しずつ時間を増やしていきます。半年、一年といった単位で、ゆっくりとです。そうやって、机に向かって勉強することに慣らしていくのです。

そのときに何をするかですが、たとえばまだ幼い子どもなら線遊びや迷路、ひらがなやカタカナのドリルをやらせてもみてもいいし、小学生だったら漢字や計算ドリルでもいいでしょう。何か調べ学習を促すのもいいですが、ここではできるだけ一人で取り組む勉強をさせます。

ポイントはムリをさせすぎないこと。途中で子どもが「疲れた〜」といったり、しんどそうな表情を見せたりしていたら、それは少し負荷がかかりすぎているかもしれません。理想は8割くらいは余裕で取り組めていて、最後の少しで「ちょっと大変だな。でも、あと少しだからやってみよう」と思えるぐらい。

筋トレと同じです。「もう限界！」と思ってから、最後の力をしぼってあと2、3回がんばると筋肉がつくように、「疲れたなぁ〜。でも、あと3問だからがんばろう！」という状態での踏ん張りが一番効きます。

また、毎日腹筋を20回やっているとして、急に50回に増やしたりはしませんよね。つらすぎてやめてしまうかもしれません。1日25回を1カ月、30回を2カ月という具合に少しずつ増やすようにして、続けていけるようにするはずです。それと同じことです。

勉強に取り組む時間帯は、幼児から低学年は朝がおすすめ。というのも、夕方や夜はその日の日中のすごし方によって疲れ具合も変わってくるので、安定的に習慣化するのが難しいからです。その点、朝なら決まった時間に起きて、決まった時間に勉強をするという習慣がつきやすいでしょう。

わが子も、4歳のときから幼稚園に行く前に朝学習をしていました。そして少しずつ時間を増やし、小学校に上がるころには自然に毎朝30分の朝学習ができるようになっていたのです。低学年のうちは、基本的に本人がやりたいことをやらせていました。

ここでは「算数15分+国語15分」というようにバランスよく勉強させることより、毎日勉強を続けることで「自分はこのくらい勉強をやることができるんだ」と自信を持たせることが大事です。**自分を信じられる気持ちを持たせることが習慣化への秘訣です。**

小学校に上がる前につけておきたい4つの力

これまでの内容をふまえ、幼児期から身につけることを意識しておいていただきたい4つの項目と、年齢の目安をお伝えします。あくまで目安ですので、この内容にしばられる必要はありません。お子さんの成長に応じて取り組んでみてください。

☑学習習慣

何かを読む、覚える、書くという学びを、机など決まった場所で毎日行う習慣をつけたいものです。なお、未就学の段階では手の大きさや握力の問題で、鉛筆を正しい持ち方で握ることは難しいことに注意してください。ハシをキレイに使えるようになるころに、鉛筆の握り方も意識するぐらいで大丈夫です。鉛筆の濃さは4Bや2Bなど、芯がやわらかいものを選びましょう。

「やらなければダメ」というかかわり方は逆効果なので、本人が楽しめることを選ぶようにしましょう。「勉強は毎日やるのが当たり前」という感覚を、時間をかけて育てていくことが目標です。子どもが当たり前に毎日何かをやっていて、人から指摘されてはじめて「え？　これって勉強なの？」と気づくくらいが理想です。

【3歳】朝7時～8時の間のどこかで5分間取り組むというように、一定の時間帯に毎日続けることを目標にします。ぬり絵、ひらがな・カタカナを読む、数え上げ、ことば絵じてんを読む、絵本を親子で読む、幼児向け英語ソングを聞く・歌うなど。

【4歳】毎日、決まった時刻に5分～10分取り組むことを習慣にします。迷路、ひらがな・カタカナを書く、ことばカードで遊ぶ、絵本を親子で読む、何度か読んでもらった絵本を自分で読んでみる、数を数える、足し算、英語でものの名前を覚えるなど。

【5歳】毎日、決まった時刻に15分～20分取り組むことを習慣にします。本を読む、足し算の計算ドリル、パズル、目に留まった漢字の読み方を調べる、短い文章を読んで内容に関する簡単な問題に答える、日本の地名と特産品を調べる、図鑑を読む、

英語の簡単な会話を聞く・話すなど。

【6歳】毎日、決まった時刻に30分取り組むことを習慣にします。本を読む、漢検10級〜9級に取り組む、出合った言葉、漢字を辞典で調べる、ことわざを覚える、2ケタの足し算・ひとケタの引き算の計算ドリル、パズル、好きな分野を図鑑やインターネットで調べる、都道府県名を覚える、日本地図をなぞり書きする、英語の文や単語を読む・書くなど。

☑話を聞く力

小学校に上がるまでに、大人が話す文を一つ、最後まで聞くことができる力を育てておきましょう。時間にして30秒程度、話を聞けることを目安にします。

- 話している人の顔を見て聞く
- 途中で自分の話をしたくなっても、相手が話し終わるまでは聞く
- 聞いたことをすぐに自分でいえる

この3点を6歳ごろまでにできるよう練習してください。言葉を話すことについては子どもによって成長段階が異なりますが、聞く力については比較的育てやすいので、日常の会話の中で意識して練習させてあげてください。

ただし、常に最後まで聞けることを求めると子どもにとって大きなストレスになるので、バランスをとってください。大事な話のときはちゃんと聞くよう求める一方、気軽な会話のときは途中で口を挟んできたりよそ見したりしても、「もう、ちゃんと聞いてよ〜」と軽く受け流すといった濃淡をつけるといいでしょう。

☑ 時間の感覚

小学校3年生までに、ある程度計画的に行動できる力を育てておきたいですね。そのために大切なのが時間の感覚です。5分あれば自分はこれくらいのことができる、30分間というのはこれくらいの長さだ、今は4時だから5時からごはんを食べるまで30分くらい遊んでいても大丈夫だな、といった感覚を育ててあげましょう。

時計を見て時間が読めるということではなく、**自分の感覚や行動と時間が結びついた体験を持たせる**ということです。3歳ごろから少しずつ時間に触れさせてあげることで、理屈ではなく体感で時間の感覚を身につけることができます。

第一歩は、時計に慣れることです。おもちゃの時計などを使って、長針（分針）をグルグル回して遊ぶことからはじめるといいでしょう。何時何分ということはまだわからなくてかまいません。「長い針をグルグル回していると、短い針（時針）がだんだん動いていく」ということを発見できるよう、グルグル遊びをしてください。最初に「時」を表す針と「分」を表す針があるということを教えてもいいのですが、「こっち（時針）のほうがゆっくり動くんだね」ということは、本人に気づかせてあげましょう。

グルグル遊びをやりながら、「今は1時だね」「3時だね」「ここに長い針がきたら30分だから、今は4時30分だよ」と、針を回して時刻の読み方を教えてあげます。「60分で1時間だよ」「文字盤の5は時針が指すときは5時だけど、分針だと25分を意味するよ」などと理屈を教えるのではなく、実際に針を動かして「今は何時何分？」を数多く遊ぶことをおすすめします。遊んでいるうちに、家の時計も読めるようになります。

すると、朝7時は明るくなってくる時間で、夕方の6時は暗くなってくる時間ということも、日常生活の中で自然とわかってきます。

時計がわかるようになってきたら、次は自分の行動と時間を結びつけることにステップを進めましょう。たとえばプリントに1枚取り組んだ、迷路で遊んだといったときに「今、何分ぐらいやっていたと思う?」とクイズを出してみてください。実際は10分でも、「3分」といってみたり「30分」といってみたりするでしょう。その次に、「何分でできるか時間を計ってみようか」と、時計を前に置いたり、スマホのストップウォッチを使ったりして計ってあげます。

そうしたことをくり返しているうちに、子どもは自分が何かに取り組む際にどれくらいの時間がかかりそうかをだんだん学んでいきます。

この感覚を未就学から小学校低学年のうちに育ててあげると、1日の予定を立てたり、一週間の計画をつくったりするときに「どれくらいの時間でできそうか」を考えながら立てられるようになります。ムリがない計画なので、実行もしやすく、結果的に「計画的に行動できる子」に近づいていくのです。

☑数字の感覚

数を数え上げられることはとても重要です。最初は1から9まで、次に10まで数えられるようになって、さらに何度も数え上げ遊びをしていれば、10の次が11というのがわかるようになります。20まで数えられ、30まで数えられ……と重ねていくうちに100が数えられるようになっていきます。数の遊びとして、親子で一緒に歌うように数え上げていくのがいいでしょう。けっして理屈で教えようとはせず、1から100まで100個の数字を口にして数えられることを目指してください。

そうした体験を通して数と量の感覚が結びつきます。1と100と1000は、文字で書くとたいした違いはありませんが、実際に1000まで数えると10分間以上かかります。「1000ってものすごく大きいんだね」と感じることが数字の感覚です。

小学校に上がるまでに100までは数えられるようになっておきたいですね。もちろん数字が楽しい子は1000を目指してください。

数え上げの反対で、「100、99、98……」と数え下げをしていくのもいいですよ。

中学受験に役立つ「公文式」の活用法

公文式は、入塾前の幼児から低学年の子の習いごととしてよく利用されています。子ども一人ひとりに合わせてスモールステップでムリなく学習する方式なので、単に学習習慣や学力をつけるだけでなく、自分で学習しようとする意欲を高められます。

公文式は基本週2回教室に通う学習スタイルですが、授業はなくプリントの例題を見ながら自分で学習を進めていきます。理解できていればどんどん先に進めるし、わからなくなったら少し戻ってやり方を確認する。この習慣がつくと、中学受験の勉強でも「わからないことがあっても、少し戻ればわかるようになるはず」と思えます。

というのも、塾のテキストは基本問題からいきなり発展問題になることもよくあるため、わからない子はそこで手が止まってしまうのです。でも公文式をやっていると、基本問題から発展問題にいくまでの間に、何か間をうめる問題があるかもしれない、まずはその間をうめる知識を見つけようという発想が生まれます。これはとても大事なことで、スモールステップで少しずつ負荷を上げる公文式の学習法がとても参考になります。

一方で、公文式に慣れると速く解くことやプリントを終わらせることに気が向いて、ていねいに解くことがおろそかになってしまう子もいます。また、語弊があるかもしれませんが、**公文式というのは型をこなすことで解き方を習得する学習法です。一つひとつの問題に対して、「なぜこうなるんだろう?」とじっくり考える姿勢は身につきません。**

こうした特性から、学習習慣や計算力をつけることを目的として公文式に通わせて、中学受験の勉強がはじまるタイミングで公文式をやめるケースが多いようです。

ここはご家庭ごとの選択で、本人が楽しく通っているようなら、公文式を続けてもかまわないと思います。公文式で先に進みすぎると方程式が出てきて混乱するという意見もありますが、算数や数学が本当に好きな子は、「これはこれ」「あれはあれ」と分けて取り組めます。そのため、公文式を続けることが必ずしも中学受験の弊害になるわけではありません（息子が通う灘中には、中学受験をしながら公文式を続けてきた子も多くいます）。

一番よくないのは、本人にやる気がないのにノルマのようにやらせること。形だけの勉強だと、頭を動かすのをやめるクセがついてしまいます。公文式は、少しがんばれば誰でも100点がとれるというところに価値があることを忘れないようにしましょう。

親がサポートせずうまくいくケースはたった3％

ここまで、幼児期から低学年までの学習力の育て方についてお伝えしてきました。こうした準備をしっかりしておけば、塾通いがはじまる4年生であわてることは少ないでしょう。

しかし、ここまで準備をしてきたとしても、「あとは塾にお任せで大丈夫」というほど中学受験は単純ではありません。やはり、成長途上にある小学生には親御さんのサポートが必須。ごくまれに親御さんはほとんどノータッチで、塾と子どもの力だけで難関校に合格する子がいますが、こういう子は私の経験上から見ても3％いるかいないかです。

塾に行くだけでうまくいく子の条件は、先生がどういう意図で授業をやっているのかをくみとることができたり、まわりの子がどうやって勉強しているのかを観察してそのやり方をすぐ取り入れられたり、わからないことや疑問点を自分で先生に質問できたりする子で、精神的にかなり成熟しています。でも、そんな子はまわりを見渡してもクラスに一人いるかいないかでしょう。

その他の子はやはり親御さんが何らかの形でサポートをするわけですが、幼少期から「ゆるやかに」ムリをさせて受験準備をしてきたご家庭と、それまでまったく準備をしてこなかったご家庭とでは、入塾後の親子の負担が大きく変わります。

勉強内容は基本的に塾が教えてくれますが、勉強のやり方までは教えてくれません。**お子さんが学習を続ける力をつけていけるかどうかは、家庭にかかっているのです。**

それなのに、低学年のうちに日々の学習習慣がついていなかったり、長時間授業に集中する学習体力がついていなかったりすると、スタート地点からいきなり親子であわてることになります。だからこそ、事前の準備が大切なのです。

先を見通す力が中学受験を成功に導く

小4の塾スタートの時点では、入試ははるか先の出来事に思えます。そこで多くの方は、「目の前のことを一つひとつやっていこう」というスタンスで進めていきます。目の前のことに集中するのが正しいことは間違いありませんが、これが「与えられたものをとにかくこなしていく」ということになると少し問題があります。毎週の学習にどのくらい力を入れればいいかがわからなくなるからです。「先を見通しつつ、今のことをがんばる」という受験術は、ぜひ取り入れてほしいと思います。

まずは、塾の3年間のカリキュラムを一通り見てみましょう。どの大手進学塾も自社のウェブサイトで各学年の学習カリキュラムと年間スケジュールを掲載しているので、ザッと見ておくといいでしょう。塾の受付にお願いすれば、参考として3年分のカリキュラム表をもらえることもあります。

例としてサピックスのカリキュラム表を見ると、「立体図形」や「規則性」のように4～6年生まで同じ単元が定期的に登場してくるものと、「つるかめ算」や「方陣算」のように4年生で1回しか出てこない単元があることがわかります。

また、5年生の夏前に、算数なら「割合」や「比」、理科なら「人体」や「てこ」といったいわゆる中学受験の大事な単元が集中してくることにも気づきます。そうすると、このあたりは授業についていくので必死になりそうだな、であれば4年生のうちに基礎を定着しておく必要があるな、と戦略を立てられます。

一方、6年生の年間スケジュールを見ると、予想以上にテストや模試があること、講習会の日数も長いことなどに気づきます。6年生になると学校見学や説明会に行ける日が実はほとんどないこともわかってきます。となると、気になっている学校は4、5年生のうちに行っておこうかと計画することができます。このように先を見通しておくと、小4、小5の時間を上手に使えるようになります。6年生になるとやることが多すぎて毎日があっという間にすぎていくので、先を見通すようにするかどうかの差は大きいです。

また、「4年生のこの時期にこんな成績しかとれないこの子は、ダメなんでしょうか……?」と相談にいらっしゃる親御さんがよくいます。これも3年間の全体を見通すようにすると、とらえ方が変わってきます。

4年生のカリキュラムは、受験学習の土台をつくる意図があるので、比較的ゆとりのある構成になっています。また、各単元は小5の内容へとつながっていくので、似ている内容に何度もふれるチャンスもあります。ですから、これから半年もしくは1年で勉強のやり方を変えていけば、いくらでも伸びしろはあります。

直近の結果だけを見てわが子の力を決めつけるのではなく、3年間の学習スケジュールやカリキュラムを俯瞰して見て、「4年生ではこんなことを勉強するのだな」「5年生では4年生で勉強したことをさらに深めていくのだな」「6年生ではこれまで学習してきたことを定着させ、発展させていくのだな」と全体のなかで考えることが大切です。塾の先生にもそういうスタンスで相談します。目の前のことに振り回されないために、**親は先を見通す力をつけていくよう心がけましょう。**

正しい学習サイクルを回すと成績は伸びる

では、日々の学習はどのように進めていけばいいのでしょうか？ それには1週間の

「学びのサイクル」を定着させることです。

受験勉強には「学びのサイクル」というものがあります。まず、1週間の目標（興味・関心）を立てて、準備をしたうえで授業に臨み、それを家庭で振り返り、復習した理解をもとに演習を行い、テストで定着度をはかり、テスト直しをし、これまでの学習の仕方やできていたところ、できていなかったところの点検をして、それをもとに次の目標を立てる。この一連の流れが「学びのサイクル」です。**このサイクルに乗せていけば、どんな子でも必ず成績が上がります。**

塾通いがスタートしたとき、親御さんにまずやっていただきたいのが授業の振り返りです。「今日の授業はどんなことを習ったの？」「先生はどういうふうに教えてくれたの？」と授業の様子をできるだけ詳しく聞いてみてください。

その際のポイントとして、「何を習ってきて、何がわからなかったか」を子どもに聞くより先に、「どんな先生で、どんな話し方をして、1回の授業が60分ならどういう使い方をする先生か」に意識を向けましょう。お子さんが受けている授業の特徴や時間の使い方をヒアリングするわけです。それがわかると、次の授業はどのように受けると理解が深まりやすくなるかを親子で話し合えます。どんな前準備をすればいいのかも考えられます。

学びのサイクル

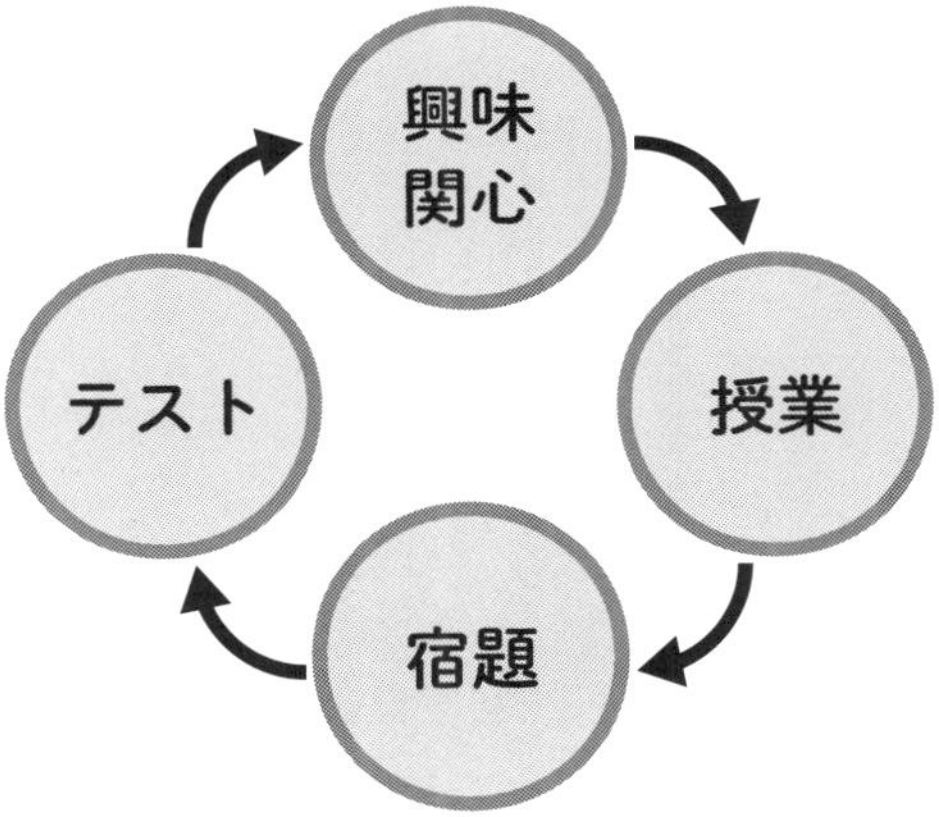

そうやって、お子さんが授業に参加しやすくなるよう研究すると、「学びのサイクル」が回りやすくなります。

次に習ったことを振り返り、それから宿題に入ります。この振り返りが「復習」です。

ところが、**子どもたちのほとんどは宿題と復習の区別がついていません。**それで、授業が終わったらすぐに宿題をしようとします。親御さんもそうさせる方が多いですね。

しかし、宿題というのは習ったことを理解したうえで取り組むもの。その役割を理解せず、ただ終わらせることを目的に宿題をさせては学習効果が下がってしまいます。

このように「復習」は重要なステップなのですが、親はそのかかわり方に一工夫します。

「今日は何を習ったの?」「わかった?」と問いかけるだけでは、子どもはテキストをチラッと見て、「これをやったよ」で終わりです。自分の理解の確認まで意識が向かいません。そこで、「今日の授業で何が面白かった?」と聞いてみましょう。「そのとき先生はなんていってたの?」「あなたはどうしたの?」と体験を聞くようにするのです。

すると、子どもの意識に授業中のことが再現されてきます。そうして、思い出してきたなという感触が得られたところで、「今日習ったなかで難しいのはどれだった?」と、問題や知識の確認に入っていきます。

こうすると、子どもは自分の「体験」として授業の振り返りができるので、腑に落ちる理解につながります。

4年生のうちに宿題のやり方をマスターする

塾通いがはじまると、はじめは多くの子が「塾の勉強が楽しい!」といいます。学校の授業に比べて塾の授業はテンポもよく、教え方もわかりやすいからです。科目ごとに先生が替わるのも刺激になります。

しかし、中学受験塾の学習カリキュラムは学年が上がるごとにハードになります。4年生のうちは基礎的な内容なのでなんとなくやっていけたとしても、5年生になると授業の内容が基礎から応用に変わり、新たな重要単元を学習することで、少しずつ難しくなってきます。また、多くの塾では中心科目の算数について、5年生で中学受験に必要な学習範囲をひと通り終えるため、毎回の授業がこれまで以上にスピーディーになります。塾は嫌いじゃないけど、授業についていけなくて成績が低迷する子が出てきます。

そうならないためには、**4年生のうちに正しい宿題への取り組み方と復習の仕方を知り、「学びのサイクル」を上手に回していくことが必要です。**

その日の授業（テキスト）の内容と宿題の内容をお子さんと一緒に見比べてみて、ほぼ同じだなと思うものと、これは少し発展した問題だなと思うものを確認します。

授業では扱っていない発展問題が多い場合は、はじめはお子さんの横について、解いている様子を見てあげましょう。そのときに手が止まるようなら、授業のノートを一緒に見直して、どれか使えるものを習わなかったか探します。それでもわからなかったら、図録や参考書などで調べてみて、わかるものがないかチャレンジします。または模範解答を見て、「こうなるみたいだよ」と解答を通して学ぶ方法も教えてあげるといいでしょう。そうやって、宿題への取り組み方を身につけさせるのです。

先ほど、宿題とは習ったことを理解したうえで取り組むものだとお話ししました。それに加えて、わからない問題は自分で調べたり、模範解答を見て解答を通して学んだりするやり方を教えてあげてください。まだ時間の余裕がある4年生のうちにこうした勉強のやり方をお子さんに教えてあげると、この先の親御さんの負担が減るだけでなく、その先の学びにも役立ちます。

かしこい家庭がやっている宿題の取捨選択

中学受験を大変にしているものの一つに、塾から出される大量の宿題があります。

4年生のうちは宿題の量もまだそれほど多くないので、基本的には出された宿題は全部やったほうがいいでしょう。進め方のポイントは、とにかくわからない問題をわからないままにしないこと。**4年生の学習はこの先に学習する基礎の内容なので、そこがわからないままだとあとあとまでずっと困ることになる**からです。また、4年生のうちに勉強のやり方を身につけるという意味でも、宿題はがんばった方がいいです。

でも、5年生になったら宿題のやり方を変えた方がいい時期がやってきます。5年生になると宿題の量がさらに増えますが、それをすべてやろうとすると時間がかかりすぎて、「学びのサイクル」がうまく回らなくなってくるのです。そこで必要になるのが宿題の取捨選択です。

選択の基準は、お子さんの理解度に置きます。テキストの問題をお子さんと順に見ていって、「十分にわかっているところ」「まずまずわかっているところ」「全然わからないところ」に分けましょう。子どもの感覚ベースで、だいたいでかまいません。それぞれ「○△×」の記号を振って仕分けをします。

これで取り組む優先順位が決まります。「十分にわかっているところ」の宿題は後回しで大丈夫です。また、「全然わからないところ」もとりあえず保留にしておきます。現状ではどうしても理解できなくても、あとで同じ単元が出てきたときには理解できるというのもよくあること。抽象的な概念については、理解できる時期が子どもの成熟度によって違ってくるからです。また、志望校が最難関校でなければできる必要のない、「難しすぎる問題」が5年生のテキストにまぎれ込んでいる場合もあります。

やるべきなのは、「△」の「まずまずわかっているところ」です。同じ問題や類題が出たときに、できるかもしれないし、できないかもしれない。つまり完璧に理解ができていないところを演習で定着させ、「△」から「〇」の状態にするのです。そうすれば、必ず得点が上がります。

「宿題は全部やるもの」という思い込みは捨てましょう。また、「頭では理解しているんですが、その選択を間違えてしまったら取り返しがつかないじゃないですか？」と、不安を訴える親御さんもいます。大丈夫です。お子さんの感覚ベースで仕分けしてください。

塾は成績でクラス分けをしていますが、一番上のクラスから一番下のクラスまで同じテキストを使います。とても難しいものからごく基礎的なものまで入っています。つまり、どの子にとっても必ず無駄のあるつくりになっているのです。

さらに、入試に不可欠なものは二度、三度と登場します。一度目は保留にしたものも、二度目に出てきたときに理解していけばいいのです。大切なことは、「今できるようになるもの」に力を注ぐことです。取捨選択で効率よく成績アップしていきましょう。

受ける前に〝テスト分析〟をやっておく

大手進学塾の受験カリキュラムには、大小さまざまなテストが待ち受けています。塾の1サイクルを1週間として、その週の授業の定着度をはかる週例テスト、ある程度の単元をまとめて現在の学力をはかる、クラス分けの対象となる月例テスト、志望校の合格可能性がどのくらいあるかを判断する合否判定テスト。塾によってその呼び方はさまざまですが、たくさんのテストが用意されています。

4年生のはじめのころの週例テストは、宿題をきちんとやっていれば100点がとれるようにつくられています。月例テストで満点を取るのは難しいですが、それでも毎週の宿題をこなしていれば高得点がとれます。

それが、だんだん宿題をこなすだけでは100点がとれないテストに変わっていきます。「与えられたものを覚えるだけでなく、習った内容を組み合わせて考える、試行錯誤の力をつけていきましょう」と塾側が要求を上げてくるからです。

塾側としては、入試本番で未知の問題が出されても、自分がいま持っている知識を駆使してなんとかくらいつき、合格ラインを狙ってほしい。そのような意図から、問題のレベルや傾向を変えているのです。

不思議なことに、多くの塾ではテストの種類ごとの意図や学習法の違いを説明してくれません。「3カ月後には月例テストの内容がこれこれこういうふうに変わってきますから、勉強するときもテストを予想して取り組みましょう」なんて教えてはくれないのです。そのため、多くの家庭ではあまりそれぞれのテストが意味することを理解しないまま、週単位、月単位、学期単位といった期間ごとにテストを受けているだけになりがちです。

中学受験に限らず、志望する学校に入りたければ過去問を解いて対策をします。学習効率を上げるには、目標を知ることが大切だからです。同様に、**塾のテストでも出題意図を研究して高得点を狙うと勉強上手になります。**

もちろん、4年生や5年生の子どもがそれを一人でやるのは難しいですから、最初は親御さんが一緒にテストの分析をしてあげてください。はじめは傾向がつかみにくいかもしれませんが、何回か受けてみると、「前回のテストは、宿題の後ろのほうのけっこう難しい問題が出たね。じゃあ、今回も後ろのほうを見直しておこうか」とか、「漢字の問題は訓読みも多く出るね。音読みだけじゃなく訓読みもしっかり覚えておこうね」などと気づけるところが増えてきます。

家庭だけで行うのが難しければ、塾の先生に「テストのこういう問題も解けるようにするには、毎週の勉強でどんなことをすればいいですか？」と相談しましょう。これをくり返していると、子ども自身にテストの意図を考える習慣がついてきます。日ごろの勉強とテストとのつながりが見えてきた子は、成績も上がってきます。

頭のいい子は授業の受け方がうまい

中学受験の勉強がうまくいっている子とうまくいっていない子の一番の違いは、授業の受け方にあります。それほど必死に勉強している様子はないのに成績がいい子は、授業の前に「今日はここを習うんだな」と予測をし、受け入れる姿勢ができています。

一方、家での勉強もがんばっているはずなのにイマイチ身につかない子は、授業が始まってから授業の内容に意識を向けています。つまり、授業を受ける前の準備が違うのです。

授業前にしっかり予習をする必要があるわけではありません。中学受験の勉強は復習が中心という理解で大丈夫です。ただ、テーマに関心を持って授業を聞くかどうかで授業中に得られるものの差が出てくるのです。

学習効果の高い子は授業で先生の話を聞きながら、「へぇ〜、そんなやり方があるのかぁ〜」と新たな知識を身につけたり、「あ、これって前に先生がいっていたあのことにつながるんだ」「あれ？　この内容、前にテレビで観たことがある」といったように、自分の知識や記憶とつなぎ合わせて理解を深めたりします。**自分から聞きにいく授業だからポイントを逃さないし、知識が増えることは楽しいと思えるのです。**

また、勉強上手な子は、授業を聞きながら「いる・いらない」の判断をします。安定して上位クラスにいる子のほとんどは、「ここは重要だから覚えておこう」「ここはもうわかってるから大丈夫」と、授業の聞き方にメリハリをつけています。なかには、半分寝ているのに必要なときだけムクッと起きて理解してしまう「達人」（笑）もいます。

なぜそういう判断ができるのかといえば、それまでの勉強で学習の取捨選択をする習慣が身についているからです。授業中の理解が宿題のこなし方を決めるとわかっている。

自分のわかっていることを知る習慣が身についていると、塾から帰ってからも、「何からやろうか？」と考えなくてもいいし、あれもこれもやらなければとあわてることがありません。結果として、いい学習サイクルが回っていくのです。

「先生に質問してきなさい」は意外にハードルが高い

学習相談の場で、「わからなかったら先生に質問に行きなさいといっているのですが、なかなか行こうとしないんです」という悩みをよく聞きます。これについて、子どもの事情をわかってあげてほしいのですが、小学生の子どもにとって、先生に質問するというのは非常にハードルの高いことなのです。

もちろん質問できる子もいますが、たいていはすでに成績がいい子です。ほとんどの子は、自分の理解度を自分で言葉にすることができません。だから、質問をすること自体がとても難しい。まずは、大人がそこを理解してあげなければいけません。

実は多くの親御さんたちにとって、受験勉強のイメージは高校受験や大学受験の記憶が基準になっています。15歳や18歳にもなっていれば、自分がどこまで理解しているのか客観的に見る力が育っていますし、知りたいことを自分の言葉で伝えることもできます。その記憶があるから、「質問に行きなさい」と軽くいってしまうのです。でも、自分のことで考えてみても、小学生のころにその力が備わっていたでしょうか？

さて、親御さんから「質問に行きなさい」と強くいわれた子たちは、塾の先生に「この問題はどう解けばいいですか?」と質問してしまいます。すると、先生は昨日授業で教えたことをもう一度教え、「わかったかな?」と聞いてきます。そこで、子どもは「わかった」と答えますが、家に帰ってまた解けずに困ってしまうのです。

第3章の「親の質問力が子どもを大きく伸ばす」の項(99ページ)を思い出してください。いい相談には「わが子の説明能力」が大切でしたよね。**質問も同じことです。子どもの事情を先生に伝えなければなりません。**まず、子どもがわからなくて困っていたら、質問に行かせる前に、次のように聞いてあげます。

「この問題を読んで、どこまではわかる?」
「そうか、ここまではわかっているんだね」
「じゃあ、どこからわからない? どの部分が自信ないのかな?」

すると、子どもは「答えは出るけど、何でこの式を使うのかわからない」とか、「前の問題とこの問題は同じ単元なのに、ぜんぜん違うことをやってるみたいに感じる」など、子どもなりの事情を教えてくれます。それをメモして塾に電話を1本入れ、様子を伝えてから質問に行かせるのです。質問したい問題ごとに、ふせんでメモをつけておくのもいいですね。そのようにお膳立てをしていれば、先生も子どもが何に悩んでいるのかわかるので、的確なアドバイスをしてくれます。

質問のハードルを下げる工夫をしてあげると、自分から質問に行く力もだんだん育っていきます。

子どもの「わからない」をサポートする方法

「もっとちゃんと考えなさい！」

「少し考えたらおかしいってわかるでしょ？」

思わずいってしまいがちな言葉ですよね。そもそも「考える」とはどうすることなのでしょう？　実は、多くの子が「考える」とはどういうことかわかっていません。とにかく頭がしんどくなればいいのかと思って、子どもなりに「う～ん、う～ん」とうなることを

「考える」だと思っている子がたくさんいます。結局何も進まないまま時間をすごしてしまうのですが、それは考えているのではなく困っているだけ。

「考える」とは、知識や経験などに基づいて、筋道を立てて頭を働かせること。何もないところから新しい何かをパッと生み出すことでも、とりとめなく思いを巡らせることでもありません。ですから、まずは基礎となる知識があるかどうか。知識がなければ教えてあげればいいですね。

問題は、知識はあるけどうまく答えを出すことができない場合です。何を求められているかが理解できていない、またはどう進めればいいのかを知らない状態です。このようなときは次のステップで適切な問いかけをして、お子さんの手助けをしていきます。

1 (対象) 今、どんな問題を解こうとしているの?

2 (目標) 何を聞かれているの?

3 (材料) どんな知識が使えそう? 今、わかっていることは何?

この三つの問いかけを経て、材料を組み合わせながら、わかることを順に見つけていきます。「考えるとは材料を関係づけていくことだ」ということを示してあげればいいのです。さらに、「考える」ことを続けやすくしてあげるには、三つのコツがあります。

1 安心感を渡す
2 手を動かすように促す
3 分析させる

まずは「安心感」。言い換えると「間違えることの不安を取り除く」ということです。

早くから塾通いをしてきた子によく見られる現象なのですが、問題をちょっと見て、「あ、難しそう」と思った瞬間に解くことをあきらめてしまう子がいます。やる気がないと判断されがちですが、実際はやる気の問題ではありません。

そういう子は、間違えるのが怖いのです。間違えるたびにしかられてきたり、他の子と比べられてきたりした経験が重なると、間違えなくてすむ問題だけを解こうとするクセがついてしまいます。その結果、解き方を思い出すだけで答えが出るような問題、考えなくてもいい問題だけに手をつけようとします。そういう子に考えることへの安心感を渡すには、「何」に意識をおいた声かけが効果的です。

今、「何」が問題かな？

「何」を目指したらいいかな？

わかっていることには「何」があるかな？

「何」と問われれば、それを探せばいいことになるので、子どもにとってもわかりやすいのです。ですから、手順をふめば必ず答えが見つかるという安心感を渡せます。

また、手を動かすように促すことも必要です。思い悩むより、「まず書いてみよう」という声かけをします。**いきなり「正解」を書こうとするのではなく、いま自分の目に見えていること、頭の中にあることを書き出すように促します。**

目で見えるようにすれば、気がつきやすいし、関係づくりもしやすくなります。考えることを苦手にする子は、書くことがあまり好きではなく、なかなか書こうとしない傾向があります。そういう子は、書くというのは内容が定まったあとにすること、正解がわかってから行うことだと思い込んでいます。書くことへのハードルを上げてしまっているのです。先生が黒板に書いたことをただ写すよう指導されてきた子がはまりやすい状態です。「あとで使わなくてもいいから、ひとまずメモをしてみよう」「書き直すのは後でできるから、ひとまず目にしたものを書いてみよう」と気持ちを後押ししてあげましょう。

さらに、分析するとはどういうことかを示してあげましょう。**今ある物事、事柄をいくつかに分けることが分析です。**「材料」は出したけど、どう組み合わせるのかわからず思考が止まってしまう場合、「目標」や「材料」の何かが複雑になっていると考えられます。「内容を分けてみたらどうかな？」と問いかけてみてください。「分析」という言葉を使うと難しく感じるかもしれませんが、要は目の前の事柄をいくつかに分けてみるのです。

国語なら、一つの文を前半と後半に分けてみる。理科の星の動きだったら、地球が自転することによる星の動きと、地球が太陽のまわりを回ること（公転）による星の動きに分けてみる、といったことです。

以上のような、「考える手順」を意識して声かけしてあげると、「う～ん」とうなったまま止まるということが減っていきます。

学校選びはいつからはじめるのがベスト？

よく「志望校はいつごろ決めたらいいですか？」という質問を受けることがあります。「目標があればウチの子も、もっとがんばると思うんです」という期待とセットになっていることが多いですね。

しかし、実は志望校を決めるのはいつでもかまいません。もちろん、行きたい学校があれば勉強意欲に結びつけやすいですが、幼少期からの勉強の習慣づけと勉強との向き合い方のほうが大切です（行きたい学校がまだはっきりしていないから、勉強がうまくいかないわけではありません）。まずはそこを誤解しないようにしてください。

ただ具体的に学校名までは決めないとしても、**どんな環境で学びたいかということは家族で話し合っておきたい**ですね。

学ぶ環境をチェックするポイントは、やはり校風が最初にきます。本人が自由を好むタイプなのに校則が厳しかったり、必要以上に面倒見がよかったりすると、のびのびすごせずストレスを感じます。

一方、決められたことをコツコツやりたいタイプの子が生徒の自主性に任せる学校へ入ると、何をすればいいのかわからず力を発揮できないこともあります。

また、中高6年間でスポーツを思いきりやりたいと思って中学受験する子には、やりたい部活がなかったり、グラウンドが狭かったりする学校は選択肢に入らないでしょう。

勉強面の方針についても、大学受験重視の学校、グローバル教育に力を入れている学校、キャリア教育が盛んな学校などいろいろあります。

こうした各学校の特徴を知って、わが家に合うかどうかという視点で学校選びをしていきます。調べることも考える要素もたくさん出てくるので、遅くとも小4あたりから話し合いを始めておきたいですね。

また、せっかく中学受験をするなら、できるだけ上の学校を目指したいというのが親御さんの心情というもの。塾の偏差値表を気にしすぎると、わが家に合った学校選びがやりにくくなりますが、どうしても偏差値が気になるのであれば、「偏差値40以下の学校には行かない」など、ご家庭で一定の基準を設けるといいでしょう。そのうえで、お子さんにどんな学びの環境を与えたいかを考えていきます。

大事なのは、そこに通うのは親御さんではなくお子さんだということ。くれぐれも親の見栄や希望だけで志望校を決めないでください。

一般的に、6年生になると土日は模試や講習で時間がとれなくなってしまうため、5年生のときに学校見学に行くご家庭が多いようです。でも中学受験をする、しないにかかわらず、世の中にはこういう学校があるんだ、ひとくちに私立中高一貫校といってもこんなに違うんだと、さまざまな学びの環境を見ておくことはけっしてムダになりません。できるだけ多くの学校を見ておきたいなら、小学2、3年生のころから行ってもいいでしょう。

その際、できればご家族みんなで行けるといいですね。お父さん、お母さんそれぞれで価値観は異なります。また、お子さんの資質や性格の理解も家族それぞれの見方があります。ときには、お兄ちゃんが妹のことを誰よりも理解していることもあります。家族それぞれの目線で学校を見ることで、本人に合っていそうな学校はどこなのか、話し合いが生きてきます。

ですから、できるだけ早いうちから家族で学校を見てまわり、たくさんの選択肢から考えておくことをおすすめします。

塾にはいつでも相談、質問をしていい

中学受験のサポートは、親御さんにとってはじめてのことばかり。たとえば学習方法について困っていることがあっても、面談のとき以外は塾に相談できないと思っている親御さんは少なくありません。これは大きな勘違いで、塾にはいつでも相談していいのです。

塾の先生は親には冷たいというイメージを持っている方も多いですが、**塾講師を仕事に選ぶ人は、そもそも人の役に立ちたいというタイプが多いのです。困っている生徒も親も助けてあげたいと思っています。**

ただ、塾の先生は日々の業務がとても忙しく、なかなか一人ひとりの成績や学習状況まで見てあげることができません。いつでも、いくらでも相談に乗るというわけにもいかないのです。結果として、「全然声をかけてもらえない」「相談できる雰囲気ではない」と、親御さんが壁を感じやすくなっているんですね。

そこで、上手な相談をするのに押さえておきたいポイントを覚えておきましょう。

まずは礼儀について。「いつもありがとうございます」と、日ごろの感謝を忘れず伝えたいですね。電話をかけるタイミングは、忙しい授業前後を避けるのが鉄則。出勤後の午後1時半〜2時ごろは比較的手が空いていることが多いので狙い目です。

担当の先生につながったら、まずは「○○についてお聞きしたいのですが、今から5分ほどお時間をいただけますか？」と、話題と見込み時間を伝えます。もう少し時間が必要な場合は、「○○についてご相談をさせていただきたいのですが、一度面談をお願いできますか？」と面談の予約をします。日々忙しい塾の先生にとって一番困るのは、この案件にどれくらい時間がかかるのか、見通しが立たないことです。逆に見通しが立ちやすい伝え方をされると、塾の先生も相談に乗りやすくなります。

こうした相談をするには、事前の準備がものをいいます。親御さんに多いのが、「あの子が○○で困っているんです……」という相談の仕方。こういう切り出し方をされると、講師は「本当に？　親御さんの過剰反応じゃない？」と警戒しやすくなるので、注意が必要です。

「あの子の○○について、私がどういうことをしてあげればいいのかわからず困っているのですが、アドバイスをいただけますか？」

いい答えがもらえる質問の仕方

授業の不安

「最近は塾から帰るとすぐに寝てしまうのですが、授業中は集中できていますか」

「宿題をやっても不正解ばかりです。 どうしたらいいでしょう」

「クラスが上がってから、まわりの子についていけているでしょうか」

宿題の悩み

「すべての教科を合わせると、宿題に毎日3時間以上かかります」

「志望校に不要と思われる宿題があるので、やらずにすませたいのですが」

「宿題で解けない問題が多くて、解説を読んでいると時間が足りません」

テストの悩み

「テストの結果をふまえて、復習させたほうがいい単元はどこでしょうか」

「普段は得意教科の理科が足を引っ張ってしまいました。どうしてでしょう」

「志望校対策クラスに入りたいのですが、次のテストに向けて何をすればいいですか」

メンタルの悩み

「最近、勉強への熱意が前ほど感じられなくなってしまいました」

「やっていないプリントが隠してあったのですが、どうすればいいですか」

「勉強が思ったように進まず、イライラしてるみたいです」

こう話せば、困っているのは親御さん自身ですから、先生もアドバイスがしやすくなります。さらに相談する前に、「何に・いつから・どう困っているのか」「やってみてうまくいったこと・うまくいかなかったこと」を振り返り、メモに残しておくと具体的な質問ができるので、先生から生きたアドバイスを引き出せます。

たとえば「宿題が全部終わらない」で困っているなら、何の単元を習ったあたりからそうなったか、基本の問題は解けるのに応用になると解けなくなってしまうなど、具体的に様子を伝えます。出来事や状況の事実関係を説明することなしに、困っている気持ちを延々としゃべり続けても、解決にはつながりません。**お子さんのことで相談をするときは、お子さんについての情報をできるだけ多く渡せるように準備しておきましょう。**

どうしてもうまくいかなければ転塾も視野に

中学受験の勉強を進めていくうえで、塾は非常に大切なパートナーです。ここがうまく機能していないと、お子さんの成績は伸び悩んでしまいます。

では、「うまくいっている」とは、どのような状態でしょうか?

それには、前述した「学習サイクル」がうまく回っているかどうかを点検します。中でも大事なのが、子どもが塾の授業をしっかり理解しているかどうか。難関校に多数の合格実績がある有名塾でも、お子さんが授業内容を理解できていなければ、通い続けたとしても成果は期待できません。

よくあるのは、成績が伸びて上のクラスに上がったのはいいけれど、クラスアップしたとたん授業についていけなくなってしまうケース。クラス数が限られていて、授業の進め方に差が大きい塾で起きやすい悩みです。こういう場合は塾に相談をして、あえてクラスを下げたほうがテストの成績が上がるということもあります。

常に下位のクラスにいるような場合は、その塾のスタイルや要求レベルがお子さんに合っていないことが考えられます。そういう場合は、転塾した方が学力を伸ばしやすいと考えられます。もっとも、転塾はそれほど簡単ではありません。「学校の友だちがたくさん通っているから、みんなと同じ塾に通いたい」「授業自体はおもしろいから塾を替えるのはイヤだ」といった、子どもなりの事情もあるからです。

子ども自身に強く続けたい理由がある場合、予定されている授業の〝プチ予習〟をしておく手もあります。塾の授業がわかるように、あらかじめ準備をしておくのです。もし親御さんができるなら教えてあげて、難しそうであれば個別指導塾や家庭教師を利用します。

塾の授業だけではすべて理解できないという子は多くいます。そこで家庭学習でフォローすることになりますが、そのときに宿題が多すぎたり、そのチェックが厳しかったりして家庭学習が進めにくい場合も、塾との相性を再確認したほうがいいでしょう。

塾との相性というと、お子さんとの相性だと思いがちですが、中学受験の場合は親御さんの負担が大きすぎて手が回らないという場合も、「塾と合わない」といえます。

子どもとの相性、親との相性を確認し、できる限りの手を打った。それでもうまくいかないなら、思い切って転塾です。

転塾を考えるなら5年生の夏までがおすすめ。ここを過ぎると、塾間での進み方の差が広がって、移りにくくなるからです。その際に必ずやってほしいのが、算数と理科のカリキュラムの確認です。この2教科は塾によって単元の進め方に違いが大きく、何も知らずに塾を替えると習っていない単元がいくつか積み残しになる場合があります。抜けてしまう単元があれば転塾前に補っておくか、転塾してからフォローをしていくことになります。このような対策をするためにも、最低でも転塾の3カ月前くらいから準備をするようにしましょう。くれぐれも行きあたりばったりで行動しないことです。

転塾は大きな決断ですが、親子が納得したうえで転塾をするのなら、必要以上に怖れることはありません。私がこれまで携わったご家庭でも、転塾がいい結果につながった例はたくさんあります。大事なのは、お子さんが気持ちよく勉強できる環境を整えてあげることです。

勉強をやりたがらないときには

普段なら勉強をしている時間なのに、いつまでたっても宿題をやろうとせず、リビングでゴロゴロ。そんなお子さんの態度にしびれをきらし、「いつまでグズグズしているの？やる気がないなら、受験なんてやめちゃいなさい！」といってしまう……。どこのご家庭にもありがちな光景ですよね。

でも、考えてみてください。遊びたい盛りの小学生が毎日何時間も勉強をするなんて、それだけでも、よくがんばっていると思いませんか？　ですから、そんなに目くじらを立てず、「まあ、そういうときもあるよね」と、まずは気持ちを落ち着かせましょう。

一番よくないのは、「このままズルズルと勉強をさぼっていたら、どこにも受からないわよ!」などと脅し文句をいうこと。これは親御さん自身の不安を吐露しているだけで、何の解決にもつながりません。**単にやる気がないように見えるとしても、子どもには子どもなりの理由や思いがあります。**それを言葉にうまく表現することができないだけなので、まずはそれをふまえたうえで、子どもの声に耳を傾けましょう。

たとえば宿題をやりたがらないときは、こんなふうに声をかけてみてください。

「なかなかはじめられないみたいだけど、どうしたの? やりたくないの? それとも何か困っているの?」

この質問は三つのパートに分かれています。まず、「なかなかはじめられないみたいだけど」と、「私にはこう見えるよ」と現象を伝えます。ここでは「はじめていない」という事実だけを伝えて、「やりたくないみたいだけど」と勝手に気持ちを解釈しないことがポイント。そして、「どうしたの?」と本人の事情を聞こうとしていることを伝えます。そのうえで、本人が回答しやすいように、「やりたくないの? それとも何か困っているの?」と二択を用意します。選べることが大事です。

そこで「やりたくない」と答えるのならそこには明確な意志があるし、「困っている」というのなら、「はっきりした意志があるわけではないけれど、はじめられない」ということがわかります。

私のこれまでの経験上、宿題が上手く進んでいない子のなかで、「やりたくない」という明確な意志を持っている子は1割もいません。せいぜい、「できればやりたくない」「先送りをしたい」くらいの気持ちで、**多くは単に困っているだけ**です。

「やりたくない！」とはっきりいってくれた場合は、本人なりの理由があるはずなので、まずはその理由を聞いてみましょう。「やりたくないものはやりたくないんだ！」という子もいると思いますが、そこでカッとなってバトルにならないように大人の対応でお願いします。冷静に「もう少しわかりやすく教えてもらえる？　他にやりたいことがあってやりたくないの？　それとも、この勉強自体を今やりたくないってこと？」と聞きます。

他のことに気持ちが向いているのであれば、その思いをきちんと聞いてあげましょう。もしかすると、「だってテレビが観たいんだもん」という次元かもしれない。そこで、「そんなに観たいの？　どうして？」ともう少し深く聞いてみると、「だって、クラスの子はみんな観ているのに、自分だけ観てないと話題についていけない」「とにかく、そのアイドルの番組だけは観ないと、気になってしょうがない」など、子どもなりの理由を教えてくれるはずです。

そういうときは、「じゃあ、30分だけはそのテレビを観て、終わったら気持ちを切り替えてがんばろうか」と両方を満たす提案をしてあげるといいでしょう。

他にやりたいことがあるわけではないけど、とにかくやる気が起きないという場合には、その理由を一緒に探していきます。「いつからそう思うようになったの？」「何かイヤになるきっかけがあったの？　思い出せることがあったら、お父さんに教えてくれる？」と聞いてみます。そのときにお父さん、お母さんが怖い顔をしていたら、子どもは絶対に本音をいわないので、笑顔を心がけてくださいね。

そういうときに、子どもは目の前の勉強とまったく関係のない話をすることがあります。でも、「今はそんなこと聞いてないでしょ！」と打ちきるのはＮＧ。自分の〝困っている〟をうまく言葉にできないだけなので、**とにかく聞くことに徹します。**

一緒に理由を見つけようとする気持ちで聞いていると、「家族の楽しそうな声が聞こえるのに、自分だけ勉強をするのは寂しい」「なんとなく体がだるくて、今日は寝たい」「宿題やらなければいけないことはわかってるけど、明日学校である発表会が気になってしまう」など、子どもなりにモヤモヤしていることがあるとわかってきます。そうやって、うまく言語化できないモヤモヤを聞いてあげながら、「〇〇で困っているんだね」と大人の言葉で整理してあげます。「うん」と、子どもなりに伝わった様子が見られたら、どうしたらいいかを一緒に考えます。

なぜここまでていねいなかかわりが必要なのかといえば、「勉強は続けるもの」という前提を簡単に崩したくないからです。

今やりたくないという気持ちはわかる。でも、「勉強をすることは当たり前」という習慣は大切にしたい。だからここで、「勉強なんてもうムリ！」と子どもが追い詰められてしまうことは、なんとしても避けたいのです。

ですから、**どうやったらまた勉強をしていける状態に戻れるかを一緒に、ていねいに考えてあげましょう。**やり方や向き合い方が間違っていて困っているのだとしたら、そこを修正してあげることで必ず学ぶ楽しさを取り戻せるはずです。子どもが「勉強をやりたくない」というときこそ、親の子どもを信じる力が試されます。

困ったときは第三者の力を借りてもいい

よく「中学受験は親の受験」だといわれます。これを聞いた親御さんは、「中学受験は親ががんばる受験」だと勘違いすることがあります。親の私がとにかくがんばって引っ張っていかなければならない、そう思い込んでいるようです。そう思い込ませてきた私たち受験業界の人間や、メディアにも責任があります。

この「中学受験は親の受験」というフレーズは、怖いことに「全部自分がやらなければいけない」「できるだけ人の力を借りたくない」という思いを引き起こしがちです。これが極端になると、「できることなら塾にも行かせず、自分が勉強を教えてあげたい」という親御さんまで出てきます。でも、それは大きな間違いです。

どんな親でも、自分一人でできることなんてたかが知れています。中学受験のプロである私でさえ、息子の受験のときにはたくさんの人の力を借りました。親である自分ができること、**できないことを冷静に考え、できないことはどんどん人の力を借りる。**そのくらいのスタンスでいいのです。

第三者の力を借りるというと、すぐに個別指導塾や家庭教師をつけるという発想になりがちですが、必ずしもそういうサービスだけが力になるわけではありません。勉強のことなら、塾とうまくつきあうことで解決できることはたくさんありますし、受験生を持つ親としての悩みなら、同じ境遇にいるママ友たちとおしゃべりをすることで力をもらえることもあるでしょう。子どもが心理的なことで悩んでいたら、小学校の信頼のおける先生に相談をしてもいいと思います。

そうやって、自分のまわりには助けてくれる人がたくさんいると思えると、親御さんの気持ちもラクになってくるでしょう。くれぐれも「自分一人でがんばらなければ！」などとは思い込まないことです。

極端な話、子どもは親御さんがいつもニコニコしてさえいれば、気持ちが安定し勉強に向かうことができます。ぜひ、そのことを知っておいてください。

第5章

頭のいい子が育つ環境づくり

勉強をする場所に制約をつくらない

「早く宿題をやりなさい！」
「いつまでグズグズしてるの？」

なかなか勉強をはじめない子どもにイライラ。子どもが自分から勉強をしてくれたら、どんなにラクなことか……と思っている親御さんは多いことでしょう。

「いつになったら受験生としての自覚が出てくるのでしょうか？」
「やるべきことをやれないというのは、この子の問題なのですが……」

学習相談の場でよく聞く言葉です。でも、**「やるべきだからやる」というのは、実際には大人でも難しいわけですから、何かしらの工夫が必要です。**

たとえば、その場所に来たらなんとなく勉強をはじめてしまう。そんな環境がつくれていれば、とてもラクですよね。

仕事を終えて帰宅したときのことを思い出してみてください。リビングのソファに座ると、無意識にテレビのリモコンに手が伸び、テレビのスイッチを入れてしまう……。そんなことってありませんか？　あれは「テレビを観るぞ！」という強い意志でスイッチを入れているのではなく、ソファに座ったときにテレビのリモコンを握っている自分を覚えているから、体が自然に動いているわけです。しかも、それが心地よいと感じているから同じ行動をくり返すのです。これを自動反応といいます。

それと同じように、たとえば夕方にリビングのイスに座ったら、右のほうにある計算プリントを1枚とってサラサラと解き、「お母さん、できたよ」と見せる。それを見たお母さんが「がんばったね」といってあげる――という形をつくるのです。

これを1週間続けると、そこに座ったらプリントに手が伸びやすくなります。そのイスはプリントをやる場所だと体に刷り込まれるからです。

そうなるための大事なポイントは、**やった行動に対して「がんばったね！」「あら、宿題が半分も終わったのね。よかったね！」など、子どもの気分を乗せる言葉を渡してあげること**です。こうやって、「場所」と「やること」と「心地よい気持ち」をワンセットにしてあげると、決まった行動を続けるハードルがグッと下がります。

勉強は子ども部屋の勉強机で、または親の目が行き届くリビングですると決めているご家庭も多いですが、必ずしも子どもが勉強をする場所を限定する必要はありません。

受験勉強はドリルトレーニング、まとまった知識の暗記、歴史の流れ理解、テストのイメージトレーニングなど、いくつもの種類の学習が組み合わさっています。計算練習や国語の記述は勉強机がやりやすい。でも、テストの振り返りはリビングの床に広げてやりたい。理科の暗記はソファに横になってザッと眺めてから、リビングのテーブルでチェックしたいなど、学習の種類によって集中したい場所が違うというのはよくあることです。

子どもは大人以上に肌感覚が敏感ですから、場所との相性は無視できません。勉強は好きな場所でやっていいことを伝えてあげましょう。

部屋の配置は子どもの視線で考える

勉強は好きな場所でやっていいとはいえ、さすがにリビングにおもちゃが転がっていたり、目の前にゲームが置いてあったりしていると、勉強に集中できません。勉強しやすい空間づくりを意識しておきたいところです。

家具やものの配置は、子どもの視界に何が映るかを意識して決めるといいでしょう。たとえば、ダイニングテーブルにいつもお子さんが座る席があるとします。ごはんを食べたり、勉強をしたりする場所ですね。そこに座ったときの子どもの視野がだいたい１４０～１６０度だとして、正面の壁や左右の壁、家具が目に入ってきます。

その見える範囲にたとえば時計や時間割、カレンダーなどを置いておくと、少し目に入ったときに確認したり、思い出したりできるので勉強がはじめやすくなります。

トロフィーや表彰状など、子どもの〝得意〟を表すものを置いてあげるのもいいでしょう。「自分はがんばれる人なんだ」という気持ちを思い起こすきっかけになるからです。

では、子ども部屋のレイアウトはどのようにするのがいいでしょう。

わが家では、勉強机の横に本棚を置いていました。座っていても、ちょっと手を伸ばせばとれる位置に、参考書や辞書などの調べごとに必要な本を並べます。机の後方の本棚には、科目ごとのテキストや塾の副教材などをまとめました。

そして机の真後ろの本棚には学習マンガなどを置いて、勉強机を囲む基地のような感じで部屋をつくりました。これなら勉強中に余計なものが視界に入らず、わからないことも

すぐに調べられて手が止まりません。一つの科目が終わったらクルッと後ろを向いて本棚にテキストを戻して、次に使うものを机に運んでくる。息子は、「なかなかいいねぇ〜」なんていっていました。勉強の動きがしやすかったようです。

一つの本棚にまとめる方法もありますが、それだと雑多な種類の本が並んでしまい思考のメリハリがつきにくいと考え、わが家はあえて三つに分けました。勉強がしやすい環境をつくるポイントは、子どもの視界を意識してものの配置を考えることだというのは知っておくといいでしょう。

親も学習ツールを把握しておこう

子どもの勉強空間をつくるときは、大人が勝手に決めるのではなく、また子どもに任せっぱなしにするのでもなく、親子で一緒にやるといいでしょう。そのときにお子さんにしてほしいのが、**「こういうときには何を使うの?」**という質問です。

たとえば、「算数の宿題をやるときって、どのテキストとどの問題集を使うの?」「わからないときは、どの本を参考にしているの?」「理科で知らないことが出てきたときは、どれで調べる?」といった感じで、子どもがテキストなどの学習ツールをどのように使っているか、点検するのです。

これには二つ意味があります。一つは、どうしたらいいのかわからないとき、「わからなかったらそのままにする」「知らなかったらあきらめる」とさせないためです。

大人は「わからなかったら調べればいいじゃない」と簡単にいってしまいがちですが、子どもは「何を使って調べればいいのかわからないから、調べなかった」となりやすいのです。そうならないために、家の中にあるいろいろな書籍やツールをいつどう使えばいいのか、お子さんと一緒に確認して、使い方を教えてあげてください。

二つ目は、親御さんが家にどんなテキストや資料があるのか把握するためです。塾からいろいろなテキストを渡されたとき、「この図録や資料集はいつ使うの?」「どういうときに使うものなの?」と、子どもに確認することは意外に大事なのです。塾の先生が具体的に指示をしてくれていないために、渡されっぱなしで一度も使っていないなんてことはざらにあります。

このように、「わからないときにどうするか」という動き方を確認し、「わが家にはどんな学習ツールがあるか」を知っておく。子どもが学習ツールを使いこなせるように、手伝ってあげましょう。

家では集中できないときの対処法

塾では勉強をがんばれるのに、家だとやる気が起きない。そんな様子を見せられると、親御さんにとってはもどかしい限りでしょうが、がんばれないのには子どもなりの理由があります。

「塾ならみんなが勉強をしているけど、家だと下のきょうだいがいて集中できない」
「目の前に冷蔵庫があると、つい何か食べたくなってしまう」
「塾でがんばってきたんだから、家ではゴロゴロしたい」
「お母さんに今日あったことを聞いてほしい」

このような理由があるので、しかったところであまり効果はありません。それよりも、まずは子どもの気持ちを受け入れ、それを満たしてあげられないか考えましょう。もし、甘えたがっているのであれば、「よし、じゃあ6時になったら話を聞かせてね！」と先に時間を決めて、「それまでに宿題のドリルは終わらせようか！」と約束をし、集中させるのも一つの手です。

塾ではがんばれるのに一人だとそういう気持ちにならないのであれば、お母さんやお父さんと競って問題を解く「勝負タイム」をつくるのもいいでしょう。子どもの気持ちに寄り添ってあげると、家庭学習はうまくいきやすいですね。

以前、私が指導に携わっていた個別指導塾にこんな生徒がいました。その塾は、教室内をいくつものパーテーションで区切り、一人用の学習空間をつくって専用のホワイトボードで指導するスタイルです。その子は、家では集中できないけど塾の個別学習空間だと勉強がはかどるというのです。すると、「よし、わかった！」と、その子のお父さんが日曜大工で家の中に塾と同じ空間を再現したのです。

専用ブースをつくるには、パーテーション数枚と壁にかけるホワイトボードと机、イスが必要。全部合わせて数万円かかったそうですが、その子はいたく気に入り、家でも集中して勉強ができるようになったそうです。

必ずしもここまでする必要はありませんが、子どもが気持ちよく勉強できるにはどうしたらいいか、考えてあげることの大切さを感じさせてくれるエピソードです。

子どもの好奇心を広げる本の置き方

リビングはお客様にすごしてもらう場所でもあるから、できるだけキレイにして、あまり生活感のあるものを置きたくないというご家庭は少なくないようです。

でも、リビングは家族の時間が交わる共有スペース。子どもの学習意欲にもよい刺激があるように工夫したいですね。

リビングにぜひ置いてほしいのが家族共有の本棚。子どもの本は子ども部屋の本棚に置くご家庭が多いですが、**大人の本と子どもの本を分ける必要はありません。**むしろ、混在しているほうがいいことがたくさんあります。

たとえば、日ごろから勉強はリビングでやることが多いなら、よく使う塾のテキストや問題集などは、リビングの本棚に置くほうが勉強がはじめやすくなります。

辞書、図鑑、地図をリビングに置いておくのもおすすめです。リビングではテレビを観ることが多いと思いますが（最近はユーチューブかもしれませんね）、ニュースや特集番組などで知らない地名や聞いたことのない言葉、めずらしい動物などが出てきたとき、近くにあればパッと調べられます。知りたいと思ったときにすぐに調べられるという環境は、子どもの好奇心を広げるのに有利です。

そうした子どもの本と一緒に、親御さんの仕事の本や趣味の本、好きな画集やお料理の本など、さまざまなジャンルの本を置いておくといいでしょう。

私のかつての教え子に、算数と理科が飛び抜けてできる子がいました。お母さんにたずねてみると、リビングの本棚に子どもの本から大人の本までさまざまなジャンルの本を置いているそうです。お父さんは勉強熱心な医師で、家のリビングの本棚にも医学書が並んでいました。その子は物心がついたころからお父さんの蔵書を取り出し、英語やドイツ語の解剖図や美しい骨の写真などを、わからないなりに眺めていたそうです。

あるとき、お父さんの本の中で見た図を塾の授業でも目にしたことで、自分の勉強とお父さんの仕事がつながっていることを知ります。それを機に好奇心が刺激され、あらためてお父さんの蔵書をじっくり見直すようになりました。こうした環境で自然と科学的な知識に親しんだことが、今の成績につながっているのでないかというのがお母さんの説明です。その子は御三家の一つである難関中学に進学しました。

わが子にどんな知識を身につけさせ、そのためにどんな環境を与えたいと考えているのか――。リビングはそうした親の思いが最も表れる場所です。わが子にはさまざまなことに興味、関心を持ってほしいと思うなら、まずはその環境をつくってあげましょう。

あえて難しい本を置く必要はありません。お父さんとお母さんが好きなこと、関心のあることなどを幅広く本で表現してあげればいいのです。

塾のプリント整理は3段階に分ける

塾での勉強がはじまると、家の中はプリント類でいっぱいになります。いつか見返すかもしれないととっておくご家庭は多いですが、定期的に整理してしまいましょう。たくさんありすぎると、本来使うべきものが見えにくくなってしまうからです。

それまで解いた塾や公文のプリントなどを子どもの身長より高く積み上げて、〝がんばった感〟をアピールする合格体験記などがよくあります。でも、そうやってがんばれた家庭より、はるかに多くの家庭がたまる一方のテキストやプリントにストレスを感じ、成績を崩していることを私は知っています。ですから、あまりいい方法だとは思えません。

プリントをため込むよりも、「よくがんばってるね」と親御さんが毎日声をかけてあげるほうがはるかに自信につながります。

プリントは3段階に分けて整理をするといいでしょう。

①日常的に使っているもの
②今は使っていないけど3カ月以内に使うことが出てくる気がするもの
③3カ月以内に使うことはなさそうだけど、ないとよくない気がするもの

それ以外のものは、処分するようにします。

③はいつ使うかわからないので、とりあえず押し入れなどにしまってもいいでしょう。その際は、何を収納したかというリストをつくっておきます。すぐに使わないものは、時間がたつとその存在を忘れてしまうからです。

プリント整理は、はじめは親子で一緒にやりましょう。「いる」「いらない」の選択は子ども自身にさせてください。入試において必要かどうかという判断はいりません。本人が「いる」と思うものしか、どうせ学習に使わないからです。親御さんはたまったプリントをパッパッと順に見せて、「これっている?」「うーん……いる」「いつやる?」「次の合否判定テストの前」「じゃあ、ここね（3カ月以内にやるファイルの中へ）」と聞いていきます。

この仕分けを子どもに任せてもなかなか進まないし、親御さんが勝手にやっても本人の動きにつながりません。親子でテンポよく仕分けていきましょう。

このプリントの整理、家の中がスッキリすること以上に大切な目的があります。**自分にとって必要なものを取捨選択させることで学習の意識づけがなされ、実際に手をつけやすくなるのです。**

前述した通り、中学受験が苦しいと感じているご家庭の多くは塾から与えられた宿題をすべてやろうとしますが、宿題をすべてやる必要はありません。

ビジネスでよく使われる「パレートの法則」は、20％の行動が80％の利益を生み出しているという経験則です。中学受験もそれと同じ。20％のエネルギーをどこで発揮するかを決めるために、どんどん整理、処分をしていきましょう。

勉強効率が劇的に上がる4つのツール

わが家も一人息子の中学受験を経験しました。中学受験専門家ではありつつも、リアルな〝受験親〟ははじめての体験。わが家なりに試行錯誤の日々でした。

ここでは、受験勉強を進めていくうえで、「これは便利！」と実感したツールを4つご紹介します。

①タイマー

入試に強くなるには、一定の時間内に最大限の成果を上げる必要があります。そのために、スピードを高めていく練習は避けて通れません。それに効果的なのが、タイマーやス

▲「学習用時計セイコーSTUDY TIME」（陰山英男モデル）

トップウォッチです。スマホにもついていますが、私のおすすめは百ます計算でおなじみの陰山英男さんが監修した「学習用時計セイコーSTUDY TIME」。

このタイマーのいいところは、デジタル時計と、針の動きで時間の経過がわかるアナログ時計が並んでいること。これによって、より時間を意識することができます。

特に算数では、スピードが求められる計算問題を一秒でも速く正確に解くことで、後半のじっくり考える問題に時間をあてることができます。

カウントダウン機能もついているので、目標時間や残り時間を意識して勉強する訓練に役立ちます。「この問題は10分で解いてみせるぞ」「このドリルは15分で終わらせてしまおう」と目標時間を定めておくと、集中力がアップします。

②ふせん

ふせんにはいろいろな使い方があります。私は息子のスケジュール整理を手伝うときによく使いました。やるべきことがたくさんあって混乱しそうなとき、一つひとつふせんに書き出して机に貼っておきます。終わったらふせんを外して、今どこまでできたかを〝見える化〟するのです。ふせんをはがすたびに気持ちがラクになります。

息子は授業中にも活用していました。ノートにまとめるほどではないけど、テキストに直接書き込むのはイヤだというとき、ふせんにポイントを書いてテキストに貼っていました。どこでも貼れてはがせるのがふせんのよさ。サイズがいろいろあるので、情報量によって使い分けができるのもいいですね。

また、塾の先生に質問をするときにも活用できます。息子はあまり自分から質問に行くタイプではなかったので、小4、小5あたりは手助けが必要でした。テキストのわからない問題の横に、「○○まではわかっているようなのですが、○○になると混乱してしまうようです」とか、「○○についての理解がまだできていないようです」など、困っていることを本人に聞いて、メモしたふせんを貼っておくのです。「これを持って先生に質問に行ってごらん」と促してあげると、先生に質問できるようになっていきました。

③ホワイトボード・カレンダーの裏

子どもはホワイトボードで勉強をしたり、書き込んだりするのが好きです。ホワイトボードはノートより大きく書けますし、考えのプロセスを書いては消していけます。ノートに書くことが嫌いな子は、そこに思考の跡がぐちゃぐちゃと残ってしまうことをイヤがっています。特に女の子はキレイなノートにしたがる傾向が強いですが、ホワイトボードならそうした心配はありません。この「いつでも消せる」というのは、書くことのハードルを下げてくれるというメリットがあります。

ホワイトボードを使うと塾の授業のような気分になって、テンションが上がる子もいます。ちなみに、わが家ではホワイトボードではなく、ためておいた壁かけカレンダーの裏紙で代用していました。面積が広いので書きなぐるのに都合がいいですし、使い終われば捨てるだけ。息子には合っていたようです。

なお、わが家は中学入学を機に東京から神戸に引っ越しましたが、現在の子ども部屋の壁一面はホワイトボードになっています。成長するにつれてどんな使い方をしてくれるのか、楽しみです。

④蛇腹ファイル

これは妻のナイスアイデアです。塾のテスト類は、蛇腹タイプのファイルに実施回と時系列で収納していました。時系列だと、いちいち見出しのタグをつけなくても使いたいときにすぐ取り出せて便利です。次のテストを受けるとき、最近の2回のテストを見直して、「こんな感じで問題が出るんだな」とイメージするのに使っていました。

時系列でのファイルの整理は放り込むだけなので、子どもでもできます。わが家は「勉強は本人任せ」という方針をとっていたので、本人でも実行できる方法を考えるのに親の知恵を使うようにしていました。〝自分ごと〟と思えるように、プリントや教材はある程度は自分で管理させるようにしてみるといいですよ。

楽しく学べるのならアプリも有効

最近は学習系のアプリが数多くリリースされています。単純暗記も、ゲーム性があれば楽しく覚えられますし、スピード勝負で計算力をアップさせるのに役立つものもあります。遊び気分で学力アップできるのですから、活用しない手はありません。

わが家でも学習アプリは幼児期から積極的に使いました。たとえば『あそんでまなべる日本地図パズル』というアプリは、各県の形をしたピースを日本列島にはめ込んでいくというもの。まさにジグソーパズルですね。同じように、『あそんでまなべる 人体模型パズル』も人間の体のつくりを知るのに最適です。こうしたアプリで遊んでいるとき、子どもに受験勉強をしている感覚はありません。ただ楽しいからやっているだけです。そして、恐ろしいほどのスピードで覚えていきます。

とはいえ、小学生の子どもにスマホを持たせると、他のゲームやユーチューブにハマってしまったり、ＳＮＳでトラブルに巻き込まれたりしないか心配という親御さんも多いでしょう。わが家も私のお古のｉＰａｄを渡していました。使う環境を限定したかったから

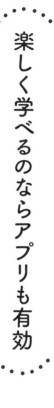

です。

学習アプリの選び方は、「これは受験に役立つぞ」という感じではなく、「これはおもしろいな～！　ねぇ、やってみる？」といった感じです。地図パズルなどは「お父さんもやってみて！」と勝負をもちかけられてはこちらが負けるのですが、それもまた楽しいようです。

ユーチューブの視聴についても、基本的には本人任せにしてきています。ただし、これには前提があって、本人が一週間の予定を自分で立てられるようになるまでは、親の横でしか観てはいけないことにしていました。

よく「ユーチューブを延々と観ていて困る」とおっしゃる親御さんがいますが、**時間管理の力を持たない子どもがずっと観てしまうのは当たり前。**テレビで観たい番組があれば、「それが終わったらおしまいね」と切り替えることができますが、ユーチューブは時間を制限しない限り見続けてしまいます。ですから、そこは家庭でしっかりルールをつくり、子ども自身の自己コントロール力を育ててあげることが大切です。親がかかわりを持ちながら、タブレットやスマホを上手く活用してきたいですね。

おすすめアプリ9選

アプリ名

ぐーびーともじあそび

（無料・アプリ内課金）

制作者

Kazue Kuga

読み書きを覚えようとしている幼児のための知育アプリ。ひらがなの読み方や書き方を遊びながら学習できるので、親が教えようとせずに学ばせてあげられる点がいいですね。

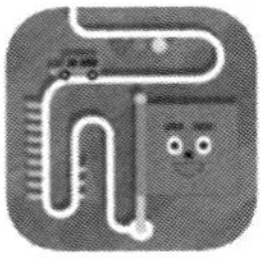

アプリ名

ピタゴラン

（無料・アプリ内課金）

制作者

monois Inc.

画面をなぞるだけで楽しい仕かけがいっぱいの装置がつくれるアプリです。装置を組み合わせて、ボールが最後までたどりついたら成功！　というシンプルなつくりなので、幼児から楽しめます。試行錯誤する力、予測する力、想像力を伸ばしてくれます。

アプリ名 **数学の王者**（無料・アプリ内課金）

制作者 Oddrobo Software AB

計算力をグングン高めてくれる数学ゲーム。足し算からはじまり、引き算、かけ算、わり算と、テンポのいい工夫された問題に素早く答えていくうちに、計算の法則が理解でき、暗算力を鍛えてくれます。私イチオシのアプリです。

アプリ名 **スカイ・ガイド**（有料）

制作者 Fifth Star Labs LLC

空にかざすだけで自動的に星、星座、惑星、衛星などを見つけられるアプリです。スマホを空にかざすだけで、そこに見えている星や人工衛星が何かを教えてくれます。親子で空を見上げることが増え、宇宙や自然、科学に関する会話も増えるでしょう。

アプリ名 **NASA**（無料）

制作者 NASA

アメリカ航空宇宙局（NASA）が提供するアプリ。惑星や星など、宇宙のさまざまな写真や動画を楽しむことができます。すべて英語ですが、美しいコンテンツが豊富にあり眺めているだけで宇宙への関心を高めてくれます。英語に触れる機会としても役立つでしょう。

アプリ名

Think!Think!

（無料・有料コースあり）

制作者

株式会社花まるラボ

遊びながら思考センスを育ててくれる秀逸なアプリ。「空間認識」「平面認識」「試行錯誤」「論理」「数的処理」の5分野の力を、図形パズルや迷路などのゲームを通して鍛えられます。中学受験算数にもつながる内容で、楽しみながら考える力が育ちます。息子も毎日欠かさず遊んでいました。

アプリ名

書き取り日本一周

（無料・アプリ内課金）

制作者

NOWPRODUCTION, CO.,LTD

日本地図から出題される全国の地名、県名、山、湖、半島などの名前を手書きで答える「書き取り」ゲーム。地名を覚えることと漢字を覚えることが同時にできます。指先で文字を書くので、鉛筆がまだ上手に握れない未就学児でも遊べます。

アプリ名

あそんでまなべる日本地図（無料）

制作者

Digital Gene

ジグソーパズル感覚で都道府県の位置や名前を覚えることができる教育系パズルゲーム。自己のベストタイムを縮めようと何度も遊んでいるうちに、形も覚えていきます。地図問題に強くなる入り口としてもおすすめ。

アプリ名

あそんでまなべる人体模型パズル（無料）

制作者

Digital Gene

人体の内臓と骨格をジグソーパズル感覚で覚えることができる教育系ゲーム。肝臓、腎臓、大腿骨など、理科の「人体」の単元として学習すると覚えにくい単語と位置も、ゲームならすぐに頭に入ります。好奇心を高めるという点でも役立ちます。

将来の中学受験に生きてくる本

中学受験にかかわるようになってかれこれ28年がたちます。自ら設立した個別指導教室の指導や面談を通して、また数々のセミナーを通して、さまざまなご家庭のお悩みに耳を傾けてきました。そのときに必ず求められるのが、「何をやっておけば大丈夫ですか?」といった教材や勉強法の情報です。

どの親御さんの目も真剣で、「わが子を幸せにしたい」という親の愛情が強く伝わってきます。「親である私の選択ミスで、わが子を失敗させたくない」「できるだけ効率よく、かしこい子に育てたい」という気持ちも見えます。

私がこれまでたくさんの子どもたちとその親を見てきて思うのは、**子育てでは「何をさせるか」よりも、「どんな環境に身をおくか」のほうが大事**だということです。学力のスタートは、物事への興味や関心を持つこと。そして興味や関心は、周囲の環境からの刺激によって生まれてきます。ですから、お子さんの将来を思うのなら、お子さんの年齢が低ければ低いほど、さまざまな興味を持てるような環境づくりに取り組んでください。

一番手近に環境づくりができるのは本です。絵本の読み聞かせ効果については第3章でお伝えしていますが、子どもが文字を読めるようになったら、ぜひいろいろなジャンルの本を渡してあげてください。子どもは親から学ぶことは多いですが、親が何でも知っている必要があるわけではありません。花や動物には詳しいけど、宇宙や天体についてはまったくわからない、いや正直なところ全然興味がない、ということでも別にかまわないのです。そんなときのためにも本があるのですから。

これからご紹介するのは、私がおすすめする5歳~低学年向けの本。どんなことにも興味が持てるよう、できるだけ幅広くピックアップしたので、ぜひ参考にしてください。

こうした本はそろえておしまいではありません。やはり、そこは親御さんの声かけが大事です。**低学年までにたくさんの本に触れてきた子は知識量が豊富。**人間の頭というのは、既存の知識に新しい知識が結びつくことで新たな学びが生まれます。幼少期にさまざまな知識や体験をしてきた子ほど、中学受験の勉強がはじまったときに、「あっ、これ知ってる！」「へぇ～、あの体験はこういうことにつながっていたんだなぁ～」と発見や納得の数が多い。その数が多ければ多いほど、「勉強って楽しいな」と思うようになります。だからこそ幼少期の環境づくりはちょっとがんばってもらえるといいな、と考えています。

『だるまちゃんとかみなりちゃん』

加古里子（福音館書店）

長年にわたって愛読されているかこさとしさんの人気シリーズ。友だちとのふれあい、豊かな表情、そして未来都市のようなかみなりの国の楽しさと、子どもの想像力を刺激してくれます。読書の楽しさを教えてくれる本なので、あとあとまでいい影響をもたらしてくれます。

『せいめいのれきし 改訂版』

バージニア・リー・バートン（岩波書店）

地球が生まれてから今この瞬間までの長い長い命のリレーを、劇場仕立てで壮大に物語る名作絵本。恐竜研究の第一人者である真鍋真氏の監修で、現在の知見をもとに50年ぶりに本文を改訂して再刊行されました。遠い昔から続く、はてしない地球の物語の後半になって人間の歴史がはじまります。「このあとはあなたのお話です」という言葉でしめくくられる本書を通して、歴史を学ぶことの意義を感じとれます。

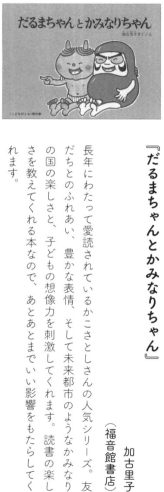

『ドラえもんの国語おもしろ攻略 詩が大すきになる』

藤子・F・不二雄（キャラクター原作）
（小学館）

詩を読むことは、文章を読み味わい人の心を理解する土台になります。詩の吟味された言葉の一つひとつには情景や感情などが詰まっているからです。この本は、日本の有名な詩の読み味わい方をドラえもんが教えてくれるので、詩がとっつきにくいという子にも読みやすい一冊です。

『クマのプーさん』

A・A・ミルン
（岩波少年文庫）

美しい森を舞台に、おっちょこちょいでのんびり屋のクマが少年、コブタ、ウサギ、ロバなどの仲間たちと繰り広げるファンタジーです。幸せな場面だけでなく、登場人物が失敗したり傷ついたりやさぐれたりと、心の機微が遊び心ある表現とともに描かれます。失敗する経験が少ない現代の子どもたちにぜひ読んでもらいたい一冊です。シンプルでありながら感情を見事に表現している挿絵にも注目してください。

『科学のふしぎ　なぜ？どうして？（1〜4年生）』
『地球のふしぎ　なぜ？どうして？』
『宇宙のふしぎ　なぜ？どうして？』

村山哲哉（監修）
斎藤靖二（監修）
宮本英昭（監修）
（高橋書店）

リビングの本棚に並べておくと、子どもが自然に手を伸ばしたくなるシリーズ。同じようなテーマの本はたくさんありますが、同シリーズはイラストや図解が豊富です。「進化って何？」「宇宙は何からできているの？」など、不意に聞かれると説明に困る多くの疑問にわかりやすく答えてくれます。自然や科学に対する興味、関心を深められる本です。

『ドラえもん科学ワールドspecial はじめてのふしぎ』

藤子・F・不二雄（マンガ）
（小学館）

マンガは子どもが主人公になりきって読めるので、遊びの延長で理科への関心が高まります。この本は宇宙や人体、生物、気象など7つの分野を取り上げており、科学マンガの入門にぴったりの一冊です。科学マンガはドラえもんの他に名探偵コナンなどのシリーズもあるの

で、子どもが好きなキャラクターのものを選ぶのもいいですね。

『科学について知っておくべき100のこと』 竹内薫（翻訳）（小学館）

「地球で一番大きな生物は？」「雷は太陽の表面より5倍も熱い」など、まず見出しで子どもの興味を引き、身近な現象から宇宙の謎まで洗練されたインフォグラフィックス（情報図解）の手法で視覚的に理解させてくれます。数字に苦手意識のある子でも印象的なイラストの力で科学的理解が深まる、新しいタイプの科学入門書です。

『ファーブル先生の昆虫教室』 奥本大三郎、やましたこうへい（ポプラ社）

朝日小学生新聞の人気連載をまとめた本です。昆虫研究家の奥本氏の膨大な知識を、人気絵本作家のやましたこうへい氏が愛嬌のある、しかし学術的な正確さにこだわった絵で表現しています。理科で高得点をとれる子は、知識を表面的に丸暗記するのではなく、核となる知識を深掘りし関連づけることが得意です。この本に出てくる昆虫たちを詳しく知ることは虫の問題を得点源にできるだけでなく、動物や植物の学習にも生きてくるでしょう。

著者紹介

小川大介　（おがわ だいすけ）
教育専門家。中学受験情報局「かしこい塾の使い方」主任相談員。1973年生まれ。京都大学法学部卒業。学生時代から大手受験予備校、大手進学塾で看板講師として活躍後、中学受験専門のプロ個別指導塾SS-1を設立。子どもそれぞれの持ち味を瞬時に見抜き、本人の強みを生かして短期間の成績向上を実現する独自ノウハウを確立する。同時期に中学受験情報局「かしこい塾の使い方」の創設にも参画し、情報発信を開始。受験学習はもとより、幼児期からの子どもの能力の伸ばし方や親子関係の築き方に関するアドバイスに定評があり、各メディアで活躍中。そのノウハウは自らの子育てにも活かされ、一人息子は中学受験で灘、開成、筑駒すべてに合格。『頭がいい子の家のリビングには必ず「辞書」「地図」「図鑑」がある』（すばる舎）、『頭のいい子の親がやっている「見守る」子育て』（KADOKAWA）など著書多数。

5歳《さい》から始《はじ》める最高《さいこう》の中学受験《ちゅうがくじゅけん》

2019年10月１日　第１刷

著　　者　小《お》川《がわ》大《だい》介《すけ》

発行者　小澤源太郎

責任編集　株式会社 プライム涌光
電話　編集部　03（3203）2850

発行所　株式会社 青春出版社
東京都新宿区若松町12番１号　〒162-0056
振替番号　00190-7-98602
電話　営業部　03（3207）1916

印　刷　中央精版印刷　　製　本　大口製本

ISBN978-4-413-23136-7 C0037